AF259045

Le passage d'âmes animales

Le passage d'âmes animales

Une formation de

l'Académie des mages

Catherine Solaris

Toute reproduction du présent ouvrage, en totalité ou en partie, par tous les moyens présentement connus ou à être découverts, est interdite sans l'autorisation écrite préalable de l'éditeur. Toute utilisation non autorisée, par quelque procédé que ce soit, sera considérée comme une violation du droit d'auteur.

Nous nous engageons à fournir à l'acheteur un ouvrage libre de gestion des droits numériques (GDN) afin de faciliter l'utilisation de nos livres numériques et d'augmenter sa satisfaction lors de la lecture. Pour cette raison, le respect du droit d'auteur devient une priorité.

Collaboratrice – Angélique Blanchet
Réviseure linguistique – Stéphanie Tétreault
Image de la couverture – iStock.com/Christin Lola
Images d'animaux – iStock.com/Daniela Barreto
Images de traces de pas – iStock.com/Cheremuha

Dépôt légal — Bibliothèque et Archives nationales du Québec, Bibliothèque et Archives Canada, 2018

ISBN version imprimée : 978-1-7752099-9-7
ISBN version numérique ePub : 978-1-989313-00-8
ISBN version numérique PDF : 978-1-989313-01-5

© Les éditions Solarianne, 2018. Tous droits réservés.

© L'Académie des mages, 2018. Tous droits réservés.

Ouvrages de Catherine Solaris

Aux éditions Solarianne

La communication animale

Les clés de votre bonheur, tome 1 – Soi

Les clés de votre bonheur, tome 2 – Autrui

À paraître aux éditions Solarianne

Les clés de votre bonheur, tome 3 – Spirituel

Le Reiki animal

Pour être au courant des publications à venir, visitez le site web des éditions Solarianne : www.editionssolarianne.com

Aux éditions de Mortagne

101 jours pour découvrir vos dons

101 jours pour apprendre le pendule

101 jours pour développer votre don de voyance

101 jours pour apprendre la magie des runes

Remerciements

Nous souhaitons souligner la générosité de celles qui ont accepté de partager avec nous un témoignage sur leur animal décédé : Isabelle Tremblay, auteure et médium, Diane Malo, animatrice certifiée du Journal Créatif, ainsi que Sessey. Merci également à Angélique, qui trouve toujours du temps pour nous et qui partage à nouveau son talent avec notre équipe. Stéphanie Tétreault est la fée qui ajoute la magie à nos écrits et en fait des œuvres dignes de ce nom. Merci!

*On n'a pas deux cœurs,
un pour les animaux et
un pour les humains.
On a un cœur ou on n'en a pas.*
Lamartine
Artiste, écrivain, homme politique et poète (1790-1869)

*En général, on apprend beaucoup des
animaux avec lesquels on vit, même
les poissons. Ils sont comme un miroir qui
reflète les émotions et les comportements
latents que nous n'osons voir.*
Guadalupe Nettel
Écrivaine mexicaine née en 1973

Table des matières

Lexique

Passeur d'âmes

Le terme « passeur d'âmes » est écrit au masculin. Évidemment, ce rôle concerne tous les genres.

Animal

Nous parlons de « l'animal » et utilisons souvent le pronom « il » ou « lui », qu'il s'agisse d'un mâle ou d'une femelle.

Scientifiquement, le terme « animal » désigne autant les humains que les animaux domestiques, d'élevage ou sauvages, mais nous avons choisi de l'utiliser ici pour désigner uniquement les animaux non humains.

Âme

Nous avons choisi le mot « âme » pour désigner l'entité qui s'incarne dans un corps physique, qu'il soit humain ou non humain. Ce terme n'a pas de référence religieuse dans ce livre; il représente simplement une énergie consciente.

Entité

Le terme « entité » est utilisé pour désigner des êtres d'énergie au sens large, donc toute forme d'énergie consciente (d'essence divine, humaine, etc.). Par exemple, une entité peut autant être un humain en voyage astral que l'esprit d'une personne décédée.

Esprit

Le terme « esprit » fait plutôt référence à une âme désincarnée, donc un être qui a quitté son corps et qui existe dans l'astral. L'« âme » peut donc autant être une « entité » qu'un « esprit », selon le contexte.

Divin/divine

Nous utilisons parfois le mot « divin » ou « divine ». Sans connotation religieuse, il fait référence à une énergie ou entité qui provient d'une source purement positive, qui pourrait être liée à ce qu'on appelle la « Source divine », qui prend différents noms selon les croyances personnelles de chacun.

Ange gardien

Le terme « ange gardien » est utilisé pour désigner toute entité positive, quelle qu'elle soit, qui veille sur un animal ou sur une personne.

Avant-propos

Mon inspiration pour la rédaction de ce livre m'est venue d'une amie antispéciste. Militante pour la cause animale, elle me parlait des animaux des abattoirs, mais aussi de ses propres animaux décédés. J'y ai vu un besoin, autant pour ces pauvres âmes qui peuvent être retenues sur Terre par une souffrance sans nom que pour ces animaux qui nous accompagnent quotidiennement, que nous aimons tant et que nous avons parfois de la difficulté à laisser partir.

Le passage d'âmes animales devient la réponse dans ces deux situations. Cette technique, qui relève du domaine du spiritisme, sert à aider les âmes des défunts à passer de l'autre côté, c'est-à-dire à quitter la Terre pour aller vers un monde meilleur. Qu'on parle du paradis, du haut astral, de strate énergétique positive ou d'un monde parallèle à connotation divine, nous souhaitons, peu importe le terme choisi, que les âmes de nos proches puissent se libérer et s'élever après leur départ.

J'ai eu la chance de partager ma vie avec quelques animaux, en majorité des chats, mais aussi des rongeurs. Leur présence nous apporte un bonheur sans nom et leur départ laisse une tristesse qui semble impossible à surmonter. Je suis donc pleine de compassion et d'empathie si vous venez de perdre un animal ou si vous en avez perdu auparavant. Je vous donnerai à quelques reprises des exemples vécus pour personnifier les notions offertes dans le livre.

Cet ouvrage sert à répondre aux questions suivantes : Est-ce que mon animal existe toujours de l'autre côté? Est-il bien et en paix? Peut-il se réincarner? Comment puis-je l'aider à poursuivre son chemin vers un monde meilleur? Quelles sont les techniques pour ce faire? Puis-je aider l'animal d'un ami à passer? Sinon, puis-je aider un animal tout à fait inconnu ou sauvage?

Ce livre s'adresse à toute une gamme de personnes. Si vous désirez simplement en savoir plus sur l'astral et comment l'âme quitte le corps, vous y trouverez vos réponses. Si vous n'avez pas les moyens d'utiliser les services d'un passeur d'âmes ou s'il n'y en a pas près de chez vous, vous pourrez apprendre ici à le faire vous-même. Si vous êtes médium et souhaitez ajouter une corde à votre arc, que ce soit de façon personnelle parce que vous avez perdu un animal ou si l'un de vos animaux est mourant; que ce soit d'une façon plus professionnelle si vous ressentez des âmes errantes près de vous ou dans les lieux hantés; ou encore si vous souhaitez aider des gens qui ont besoin de ce service. Enfin, ce livre s'adresse aussi à ceux qui ne veulent pas nécessairement faire du passage d'âmes conscient (si vos dons sont fermés, cela fonctionne quand même), mais qui veulent simplement s'informer à ce sujet.

Les informations sont présentées dans un ordre progressif. Nous voyons d'abord des notions concrètes sur l'astral, sur la médiumnité et sur d'autres détails importants, puis passons à la pratique. Nous voyons ensuite les méthodes les plus simples, qui demandent peu de connaissances et peu de technique. Nous terminerons sur les méthodes plus complexes, qui nécessitent non seulement l'ouverture de certains dons, mais aussi des connaissances plus poussées, qui seront présentées et détaillées.

Peu importe votre motivation, j'espère que cette lecture vous aidera à mieux vivre le deuil de votre animal domestique ou à soutenir d'autres personnes qui vivent ce moment difficile.

1

Qu'est-ce qu'un passeur d'âmes?

1. Qu'est-ce qu'un passeur d'âmes?

Lorsqu'une mort survient, l'âme se détache du corps. Or, parfois, elle ne retrouve pas son chemin vers un monde meilleur pour toutes sortes de raisons : elle décide de rester, elle est égarée ou retenue sur Terre. Dans un processus normal, l'âme réalise que le corps auquel elle était rattachée est mort, qu'une étape est terminée et qu'il lui faut maintenant passer à la suivante. D'emblée, des anges ou des êtres chers disparus viennent la chercher. Ils lui montrent le chemin vers sa nouvelle destination.

Dans un cas problématique, par exemple lorsque les énergies sont trop lourdes (soit lorsque l'âme a vécu beaucoup de violence ou de souffrance), elle peut porter un poids qui l'empêche de s'élever. Le passeur d'âmes apporte le soutien nécessaire à sa libération. Le passage d'âme est donc un acte où une personne aide une âme à rejoindre les siens. Ce passeur peut soit ouvrir des portes, soit devenir un guide. Il peut aussi appeler des intervenants astraux à lui prêter main-forte.

Pourquoi faire affaire avec un passeur d'âmes?

Le passeur d'âmes devient utile lorsque les moments précédant la mort ont été difficiles ou lorsque la mort a été problématique. Nous verrons plusieurs exemples plus loin. Le passeur d'âmes peut entrer en jeu :

- si vous savez que votre animal a vécu de grandes difficultés avant de mourir;
- si vous avez des doutes sur le fait que son âme puisse être retenue;
- si vous êtes médium, voyez des âmes animales errantes et ne savez pas quoi faire.

On ne requiert pas ses services si l'animal est décédé de façon tout à fait naturelle ou dans un contexte positif. Les âmes animales ont de la facilité avec ce type de processus – en fait, avec tout ce qui concerne les concepts de vie et de mort. Le passeur d'âmes n'est pas requis dans toutes les situations, seulement celles qui posent problème.

Peut-on le faire soi-même?

Tout à fait! C'est d'ailleurs l'objectif de ce livre. Il ne sert pas qu'à vous informer, mais aussi à vous permettre d'effectuer ces passages d'âmes de manière simple et efficace. Vous n'aurez pas besoin d'une aide extérieure. Des suggestions différentes vous seront offertes selon vos capacités. Si vos dons ne sont pas développés, cela ne posera pas problème. Par contre, si vos dons sont bien ouverts et que vous savez vous en servir, vous trouverez des suggestions d'utilisation appropriées.

Notez qu'il est plus facile pour vous de faire passer l'âme de votre animal puisque vous êtes la personne qui lui était intimement liée. Une personne offrant des services de passeur peut le faire, mais vous êtes beaucoup mieux placé pour accomplir le passage d'âme. Vous êtes directement lié à l'animal grâce à l'amour que vous avez éprouvé pour lui et que vous éprouvez encore. Vous êtes le pont parfait pour guider votre être aimé vers de meilleurs lieux.

Peu importent vos croyances, les techniques utilisées ici feront surtout référence au sentiment d'amour que vous portez en vous, à la méditation et la visualisation. Si vous êtes capable de ressentir et de projeter de l'amour ainsi que de la compréhension, et si vous êtes apte à faire un minimum de visualisation, vous pourrez appliquer la majorité des techniques proposées avec succès.

2

La différence entre un médium et un passeur d'âmes

2. La différence entre un médium et un passeur d'âmes

Plusieurs parmi nous avons utilisé des dons de médium lorsque nous étions jeunes, mais sans le savoir, ni le comprendre réellement. Combien d'enfants disent ressentir des présences dans leur chambre ou dans la maison? Certains perçoivent des choses étranges pour nos yeux d'adultes. Plusieurs auront également des amis imaginaires avec qui ils discutent lorsque nous sommes absents. Fabulation de l'esprit ou véritable entité? Cela peut être difficile à déterminer pour l'adulte qui tente d'analyser la situation.

Parfois, les bébés dans leur berceau semblent voir quelque chose dans la pièce et ils rient aux éclats. Parfois, ils nous regardent en riant alors qu'on ne fait rien de particulier et ils semblent bien s'amuser. Il est possible qu'ils voient les énergies qui nous entourent. Notre aura possède plusieurs couches, qui peuvent toutes varier en couleur. Sinon, nos anges peuvent également être présents et perçus par le bébé. Évidemment, ce dernier pourrait aussi voir son propre ange gardien.

Les bébés et les enfants en bas âge font souvent des cauchemars. Ils sont plus réceptifs aux énergies ambiantes ainsi qu'aux entités qui peuvent habiter l'endroit où ils dorment. Leur protection contre ces dernières réside dans ce qu'on appelle l'aura. Notre corps physique nous protège de notre environnement tangible, tandis que l'aura est une couche extérieure à notre corps qui sert également de protection, mais pour tout ce qui ne fait pas partie du physique, donc de l'astral.

Les présences, les cauchemars et les amis imaginaires disparaissent avec les années, non seulement parce que l'enfant développe son intellect et son côté rationnel, mais aussi parce l'aura se solidifie, prend place et se personnalise. Il peut devenir un puissant mur psychique si la personne ne croit en rien. Cette protection se forge selon la personne que nous sommes, selon notre personnalité.

Nos dons de médium disparaissent donc avec le temps si nous ne les entretenons pas. Nous ressentons moins et sommes moins en communication avec l'au-delà. Néanmoins, il est possible de récupérer ces capacités avec de l'entrainement.

Qu'est-ce qu'un médium?

Le mot « médium » désigne un intermédiaire entre deux mondes. Il fait le relais entre le physique et l'astral. Il sert aussi à faire passer des messages entre les deux. Toutefois, règle générale, un médium n'incarnera pas que ce rôle d'intermédiaire. Afin de compléter ce don, il en possèdera souvent quelques autres.

Le médium peut avoir un don de clairaudience, c'est-à-dire qu'il « entend » les entités se trouvant dans l'astral, comme il entendrait une personne physique parler. Il peut posséder aussi la clairvoyance. Dans ce cas, il verra des images sur son écran mental. Il pourrait y percevoir l'image corporelle à laquelle l'entité qui s'adresse à lui s'identifie, par exemple. L'empathie pourra aussi être présente; elle permet de ressentir les émotions d'autrui, comme si elles étaient vécues par soi.

Lors d'une séance, le médium qui possède tous ces dons pourra donc discuter avec l'entité et recevoir des réponses claires. Puis, il pourra comprendre les détails de la situation en observant des images fournissant des informations importantes. Son empathie lui permettra de comprendre et de guider l'âme dans ce qu'elle vit. Il pourra intervenir simplement, par exemple en faisant passer un message à un être vivant ou de façon plus approfondie en accompagnant l'entité dans son cheminement : le lâcher-prise, le pardon, la guérison, etc.

En quoi est différent le passeur d'âmes?

Le passeur d'âmes est en fait un spécialiste parmi le domaine général de la médiumnité, un peu comme le neurologue est le spécialiste des nerfs en médecine. Le médium communique au sens large et peut très bien aider les entités à passer de l'autre côté. Il peut faire des passages d'âmes, car il a tous les dons requis pour le faire. Le passeur d'âmes, lui, ne fait que ça.

Selon moi, il faut d'abord développer le don de médium avant de se lancer comme passeur d'âmes, car il s'agit de la base du domaine. Certains lieux sont souillés, des âmes peuvent être très rebelles et on peut risquer d'en ramener chez soi. Il est préférable de savoir communiquer avec elles et d'être capable de les identifier avant de se lancer. Nous verrons des exemples de situations problématiques et pourquoi des dons supplémentaires sont utiles dans ces cas.

Cependant, ce livre parle des animaux. Ces derniers sont des consciences pures : ils sont innocents et ils vivent selon leur instinct et leurs émotions. Il est donc possible, dans ce cas-ci, de sauter l'apprentissage de médium pour aller directement à la spécialisation de passeur d'âmes animales puisque cette technique est beaucoup plus simple et comporte beaucoup moins de danger. Nous parlerons tout de même des précautions qui sont requises dans certains cas, mais la base suffit largement concernant les animaux.

Le passeur d'âmes est-il plus puissant?

Selon mes recherches, le terme « passeur d'âmes » semble plutôt récent. Pour ma part, je n'en entends parler que depuis les dix dernières années. Par contre, le travail effectué par le passeur d'âmes se fait depuis toujours. Les médiums l'ont toujours fait et les chamans également. D'autres figures de cultures anciennes aidaient aussi les âmes à passer, par exemple les druides ou les sorciers des tribus. Je crois que la fonction de passeur d'âmes est devenue une spécialité puisque la Terre est surpeuplée, que les animaux sont tués en trop grande quantité (pour leur chair ou l'usage qu'on peut faire de leur corps) et que les catastrophes naturelles, les guerres et la cruauté sont à la hausse. Ainsi, plus d'âmes ont besoin d'aide pour se libérer.

Notons que nous sommes entrés dans une nouvelle ère géologique. Cette dernière est due aux actions des humains, qui ont grandement modifié le cours naturel des choses. Nous sommes passés de l'ère Holocène à l'ère Anthropocène, qui est marquée par les perturbations des cycles biogéochimiques, par les changements climatiques, par l'acidification des océans, par la contamination radioactive de l'environnement et par le déclin de la biodiversité. Nous avons grandement perturbé le cours normal de la vie. Pour cette raison, il y a beaucoup de domaines où l'on doit tenter de réparer les dégâts, notamment en ce qui a trait aux âmes égarées.

Je ne parlerai donc pas de passeur d'âmes qui serait plus fort qu'un médium, mais plutôt d'une personne qui aurait de la facilité à faire passer les âmes, tout simplement. Je crois que nous possédons tous les dons, sinon que nous pouvons tous les développer. On le fera selon nos besoins et nos objectifs, mais aussi selon notre mission de vie. Nous pouvons posséder un nombre important de dons, sans avoir besoin de nous en servir dans notre vie actuelle. Un peu comme si l'on remplit notre coffre d'outils d'une vie à l'autre, mais qu'on se sert seulement des outils utiles dans notre incarnation présente. Certaines personnes auront plus d'habileté avec cette technique, mais ne seront pas nécessairement plus puissantes.

Certains diront qu'en travaillant avec l'énergie divine et donc la lumière, nous sommes plus forts. C'est vrai. Nous évoluons plus rapidement, nous pouvons nous éveiller à des notions enrichissantes, etc. Par contre, si nous ne cultivons pas la lumière en nous, la lumière divine extérieure aura bien de la difficulté à nous atteindre, encore plus à être appelée et dirigée par nous.

Nous devons donc, en tant que passeur d'âmes, adopter une hygiène de vie qui nous prédispose à notre travail, c'est-à-dire veiller en tout temps à entretenir notre lumière et à la faire grandir. Cela ne se fait pas du jour au lendemain et nécessite des efforts constants.

Je résume donc mon avis ainsi : un passeur d'âmes avec une lumière intérieure éteinte sera toujours moins efficace qu'un médium débutant qui exécute la tâche de passeur d'âmes avec tout son cœur et toute sa volonté.

L'important sera toujours de bien faire son travail, d'être à l'écoute de l'âme, et de la guider avec patience et amour. J'ai parfois lu sur des passeurs qui n'écoutent pas et ne ressentent pas l'entité qu'ils veulent faire passer, ni ne prennent le temps de créer un lien avec elle. Ils arrivent simplement dans le lieu en appelant des forces positives pour nettoyer, de manière un peu drastique. Je crois sincèrement que douceur, écoute et attention font aussi partie du processus.

Selon moi, faire les choses trop vite avec les yeux fermés ne nous permet pas de vivre l'expérience complètement et d'en retirer tous les bénéfices, autant pour soi que pour l'entité. Si vous voyez votre travail de passeur d'âmes comme étant une mission à accomplir, et non une réussite personnelle qui viendra gonfler votre égo, alors vous êtes sur la bonne voie.

3

Les notions de base sur l'astral

3. Les notions de base sur l'astral

L'astral est un monde parallèle au nôtre qui est fait principalement d'énergie. Dans le monde physique, nous percevons par exemple une table, laquelle pourrait avoir son double dans l'astral. Il est possible aussi qu'elle n'y ait pas de trace énergétique. L'inverse est également vrai : on perçoit des objets dans l'astral qui n'existent pas dans le monde physique. Le monde physique et le monde astral ne sont donc pas toujours identiques.

C'est un univers qui suit ses propres règles. Nos sens se trouvent transformés, notre vision est différente et notre ouïe devient télépathie. Notre poids ne semble plus exister. Nos déplacements sont instantanés et ne se calculent plus selon un cadre temporel linéaire.

Une âme qui est séparée d'un corps physique se

véhicule dans l'astral et peut y exister. Puisque les âmes errantes et les humains sont dans deux univers superposés l'un à l'autre, nous pouvons, en tant qu'humains, ressentir ces âmes et communiquer avec elles. Normalement, elles vont rester dans l'astral terrestre un moment, puis passeront à un plan supérieur, plus lumineux.

Sur Terre, plusieurs entités peuvent naviguer dans l'astral qui nous entoure. On peut penser aux anges, aux défunts, à nos guides, aux dieux et déesses ou encore à des créatures plus mythiques telles que les fées et les entités élémentales. Par contre, plusieurs d'entre elles résident dans d'autres plans. Elles nous visitent ou partagent leurs énergies avec nous par le biais de l'astral.

Un peu comme notre Univers contient différents systèmes solaires et galaxies, l'astral contient de multiples mondes qui existent dans de multiples endroits. Ces derniers sont souvent appelés *plans*. Ils n'existent pas sur Terre, mais plutôt dans des lieux indépendants, plus ou moins éloignés de nous dans l'astral. Nous pouvons communiquer avec ces plans puisque le temps n'existe pas dans l'astral et que l'énergie se rend instantanément à destination.

Parmi ces plans existant ailleurs que sur Terre, mentionnons le *paradis* et l'*enfer*. Bien des religions y font référence. Pour se donner une idée plus imagée, chacun de ces plans serait une planète distincte dans le monde de l'énergie. Ceux qui m'ont dit avoir perçu une parcelle du paradis ont généralement vécu une courte expérience, car ils ont reçu l'avertissement de retourner sur Terre. Les lieux positifs ont normalement tous des gardiens qui veillent sur leurs portails. Ces derniers sont en fait des portes qui donnent sur les différents plans astraux.

Concernant le paradis, sachez qu'il existe de multiples lieux positifs qui pourraient aussi porter ce titre. Pour moi, selon mes expériences vécues jusqu'à présent en 2018, le « paradis » tel que le conçoivent traditionnellement plusieurs grandes religions est un espace de transition pour les âmes provenant de la Terre, qui vont ensuite poursuivre leur cheminement dans d'autres univers positifs de leur choix. J'ai la conviction que nous ne parlons que du paradis et de l'enfer, et non des autres plans possibles, car ce sont des croyances ancrées culturellement en nous qui perdurent.

Règle générale, un médium communiquera autant avec le monde astral terrestre (p. ex., les âmes errantes) qu'avec les plans astraux (p. ex., les anges). Dans le rôle de passeur d'âmes, on aide les âmes à quitter l'astral terrestre pour leur permettre de voyager ailleurs, dans un plan supérieur positif.

Les anges, par exemple, vivent dans un plan qui n'est pas rapproché du nôtre. Ainsi, ils ne peuvent pas venir aider directement les âmes égarées, car ces dernières sont beaucoup plus près de nous que d'eux. En fait, ces âmes errantes vivent avec nous; c'est donc à nous de les libérer puisque nous sommes aptes à faire des demandes directes aux anges. Ainsi, les anges peuvent ouvrir un portail entre les plans et nous aider grâce à leur lumière et à leur énergie divine.

Il serait intéressant de faire un portrait complet sur le monde astral, mais, malheureusement, chaque individu ne l'expérimente pas de façon similaire (par des voyages astraux en décorporation ou en projection). C'est un monde malléable qui semble sans limites. Certains disent qu'on peut atteindre les archives akhashiques (archives astrales où toutes les données sur notre Univers seraient contenues), tandis que d'autres affirment qu'on peut y voyager autant dans le passé que dans l'avenir.

Je crois que nous sommes plus enclins à percevoir les plans qui sont les plus près de nous. Notre cerveau humain n'est pas apte à comprendre certains concepts de notre Univers, simplement parce que notre biologie n'en a pas la capacité. La méditation permet parfois d'atteindre un état d'omniconscience, mais ce dernier ne perdure pas et il est ensuite difficile à se remémorer une fois la méditation terminée. Je crois qu'il existe beaucoup de plans et que nous en savons à peine sur l'immensité de l'astral et des entités qui l'habitent.

L'ouverture d'un portail de lumière

Lors d'une expérience de mort imminente (EMI), soit un voyage de l'autre côté, plusieurs personnes rapportent avoir vu « la lumière au bout du tunnel ». Elles décrivent une forte lumière qui les conduit à un autre monde, où elles retrouvent les gens qu'elles ont aimés. Qu'on parle d'un tunnel, d'une porte ou d'une sorte de portail astral, il semble toujours y avoir une lumière blanche inspirant la douceur et l'amour. Certaines âmes qui ne sont pas parties en paix peuvent être enveloppées d'un voile de noirceur qui les empêche de percevoir cette lumière. Dans ce cas, les proches décédés ou les anges gardiens de l'âme peuvent l'encourager à se diriger vers le portail. Dans d'autres cas, la noirceur ou l'attachement à la Terre seront trop grands, ce qui conduira l'âme à rester ici. C'est là que le passeur d'âmes entre en action.

Les prières pour notre animal et les bonnes pensées que nous envoyons vers lui sont une méthode d'ouverture d'un portail de lumière pour l'aider à traverser. Il peut être égaré et ne pas retrouver son chemin. Toutefois, lorsqu'une de ces portes s'ouvre, il la voit clairement et est attiré vers elle. Les gestes que vous poserez serviront à ouvrir ce portail afin que votre animal soit accueilli par la Source divine. Soyez assuré qu'il est très simple d'ouvrir cette porte lumineuse pour lui.

Notez bien que d'autres processus ou d'autres visualisations peuvent être utilisés dans ce but. Au lieu de parler d'un portail, on pourrait plutôt voir que toute la pièce devient lumineuse et percevoir que l'énergie est si légère que toute entité qui s'y trouve s'élève. On pourrait voir qu'on illumine très fortement et qu'on projette cette lumière sur l'âme visée afin qu'elle s'illumine à son tour, devienne légère et s'élève. Bref, il n'y a pas qu'une façon de faire.

Je vous parle du portail puisque c'est la méthode que j'utilise le plus couramment. C'est une visualisation qui est simple : le portail est petit, donc plus facile à voir et il peut rester dans la pièce pour une durée déterminée. Je suis à l'aise avec la conception d'un portail de lumière, mais c'est un choix personnel. Toute méthode sera bonne. Vous devrez donc aussi faire un choix. Sachez que, tout au long de ce livre, lorsque je parlerai de cette ouverture, je mentionnerai le terme « portail », mais vous pouvez adapter votre visualisation autrement.

4

Pourquoi les entités restent-elles?

4. Pourquoi les entités restent-elles?

Il existe plusieurs raisons pour lesquelles les âmes restent prises sur Terre. Je vous en propose quatre :

1. les énergies lourdes;
2. la mort soudaine;
3. l'attachement émotif de l'humain;
4. l'attachement émotif de l'animal.

Les animaux peuvent rester coincés ici pour les mêmes raisons que les humains. Par contre, rappelons-nous qu'ils ont un esprit plus pur, plus simple et plus « léger » que nous. Ils ont un rapport plus naturel avec la mort. Donc, normalement, les animaux partiront plus facilement vers le monde astral. Je mentionnerai ici surtout les situations problématiques.

❧ *Les énergies lourdes*

Lorsqu'une âme quitte notre monde dans la souffrance ou dans la peur, elle peut être retenue sur Terre. Ces états ou émotions sont en fait des énergies très lourdes qui nous clouent au sol. Ce type d'énergie (peur, souffrance, haine, regret, rage, vengeance, etc.) intègre des vibrations qui nous empêchent de nous élever. Elles pèsent sur nos épaules et sur notre cœur, et font en sorte qu'on ne puisse pas progresser comme on le voudrait dans notre vie.

Si un animal a quitté le monde terrestre dans la peur ou la souffrance, il est possible qu'il soit retenu par ces fortes énergies. Elles le gardent dans notre monde, même si des entités sont venues le chercher. Il ne sait pas que le voile sombre qui le recouvre peut être retiré à tout moment pour s'élever et aller vers la lumière.

❧ *La mort soudaine*

Une mort trop rapide peut prendre l'âme par surprise. Prenons, par exemple, un animal qui se fait frapper par une voiture. Le lièvre court pour se sauver d'un prédateur ou le chien chasse énergiquement un animal quelconque. Dans sa course, il ne se soucie pas de son environnement ni ne réalise qu'il s'apprête à traverser une autoroute. Avant de pouvoir réussir à franchir le pavé, il se fait faucher par une automobile.

Cette mort soudaine, inusitée, surtout non naturelle, le prend par surprise et l'âme reste un moment sur place. Souvent, ces morts-chocs proviennent d'une cause humaine, par exemple des pièges ou la chasse. L'âme ne comprend pas ce qui lui est arrivé et peut rester un moment à se poser des questions, ou encore à croire qu'elle est encore incarnée. Elle peut même aller, passé la fatale autoroute, se réfugier dans son repaire ou avec les siens.

❧ L'attachement émotif de l'humain

La relation entre l'humain et son animal peut être très forte. Ce lien se transpose une fois de l'autre côté; il reste intact. Lorsqu'il est bien utilisé, ce lien d'amour permet à l'humain de faire passer son animal de l'autre côté en l'accompagnant de paroles bienveillantes et en le guidant vers la lumière. Par contre, lorsque le lien devient un attachement émotif, il peut retenir l'âme de l'animal sur Terre.

Il est important, dans ce cas, de faire son deuil, de passer à autre chose, de laisser aller et de lâcher prise. Aimer, c'est aussi être capable de laisser l'autre vivre et exister, de le laisser cheminer vers un monde meilleur. C'est comprendre que l'entité peut être heureuse sans soi, qu'elle a une vie propre à vivre, une mission personnelle à accomplir. On peut voir son passage dans notre vie comme une chance unique, une occasion incroyable d'avoir côtoyé cette créature, mais sans garder le sentiment qu'elle doit absolument faire partie de notre vie, bref qu'elle doit, sous une forme ou une autre, nous appartenir pour que nous soyons heureux.

❧ L'attachement émotif de l'animal

On peut voir le scénario inverse. Certains animaux sont très câlins et très dépendants. Ils veulent toujours être près de nous et s'ennuient beaucoup en notre absence. Selon le départ de l'animal, les évènements et sa compréhension de sa propre mort, il pourrait vouloir rester sur Terre pour continuer à vivre avec la personne ou les personnes qui en prenaient soin.

Il faut lui faire comprendre que vos chemins se sont séparés et qu'il doit aller faire sa vie ailleurs. C'est un peu comme laisser son enfant partir, mais le faire en l'encourageant, en lui donnant confiance en ses capacités, en le rassurant qu'on pourra le revoir plus tard, mais qu'il lui faut avancer. On lui envoie une belle charge d'amour pour la route et on demande qu'il soit accompagné par des entités célestes qui l'aideront à faire la transition qu'il ne souhaite pas faire, par amour pour vous.

Les rites mortuaires

Depuis des millénaires, les peuples ont utilisé des rites mortuaires pour célébrer la vie des défunts et pour les aider à passer de l'autre côté. Peu importent les croyances ou les rituels effectués, la majorité des peuples de la Terre ont cru qu'une aide pourrait être bénéfique lors de cette transition. C'est ainsi qu'ils aident les êtres disparus à réaliser qu'ils sont morts et qu'ils doivent partir. C'est aussi une façon pour certaines cultures de faire en sorte que les morts ne restent pas avec elles pour les hanter.

Dans plusieurs pays, il existe une journée annuelle considérée comme étant la fête des Morts. On lui donne des appellations différentes d'un lieu à l'autre. Alors que certains célèbrent, chantent, dansent et mangent, d'autres en profitent plutôt pour se recueillir dans le calme, pour prier et pour avoir de bonnes pensées envers les êtres chers qui les ont quittés.

Depuis toujours, nous savons que les défunts peuvent avoir besoin de notre aide, sinon de notre amour pour passer à l'étape suivante. Ces rites sont moins courants pour ce qui est des animaux, mais je vous invite à vous inspirer de célébrations existantes pour créer votre propre rituel mortuaire animalier.

5

Le passage d'âmes pour animaux

5. Le passage d'âmes pour animaux

De quoi l'âme a-t-elle besoin pour quitter notre monde?

Selon le cas, la cause de la mort ou encore la personnalité de l'âme animale elle-même, cette dernière peut avoir besoin d'une approche spécifique qui correspond à son expérience. Voyons brièvement ces différents besoins.

❖ Réaliser qu'elle a quitté le monde physique

Nous l'avons vu, certaines morts sont subites et ne permettent pas à l'âme de réaliser ce qui s'est produit. Ainsi, des âmes humaines peuvent continuer d'habiter des lieux en croyant qu'elles sont toujours incarnées. Ce ne sont pas toujours des histoires dramatiques; parfois simplement des travailleurs heureux qui avaient une famille et qui ne voulaient pas que leur bonheur terrestre cesse.

Dans ces cas, l'âme reste coincée dans une sorte de boucle temporelle. Elle ne pensera pas nécessairement à voir ses proches ni à leur parler. Elle peut être dans son jardin à cultiver sans fin ou seulement apparaître durant les heures de jardinage. Le reste du temps, l'âme n'est pas consciente et « dort », pourrait-on dire. Elle ne réalisera donc pas nécessairement que ses proches ne sont plus là puisqu'elle revit une période précise et délimitée dans le temps de son existence passée.

Les animaux aussi peuvent vivre des coupures trop brutales entre la vie et la mort. Ainsi, leur âme peut croire qu'elle est toujours incarnée. Il suffit de lui parler et de lui faire voir et comprendre ce qui s'est produit. Il faut l'accueillir dans ce qu'elle vit afin qu'elle puisse avoir l'éveil nécessaire. On peut lui parler aussi de l'après-vie et des belles choses qui l'attendent. Nous n'avons pas besoin de décrire de quoi il s'agit, simplement d'attiser son intérêt à en savoir plus.

Signifier à l'entité qu'elle a terminé une étape et qu'elle est prête à passer à la suivante est le tout premier pas. Même si l'âme ne décide pas de partir immédiatement, elle a reçu l'information et pourra y réfléchir. On lui précise qu'elle peut contacter ses guides à tout moment, lorsqu'elle est prête à faire le saut.

❋ Recevoir de l'amour et de la compréhension

Certains animaux ont vécu une mort traumatique ou simplement injuste. Leur âme ne peut être libérée que grâce à deux sentiments : l'amour et la compréhension. L'animal peut avoir vécu dans un environnement hostile et ne pas avoir compris pourquoi il n'a pas eu le droit de savourer la vie. Il peut avoir subi de mauvais traitements ou manqué d'amour.

Dans ces cas, on prend le temps de dire à l'âme à quel point on aime les animaux, peu importe qui ils sont. On lui mentionne qu'on croit sincèrement qu'elle mérite de vivre et que, oui, cette souffrance était totalement injuste. Il existe des techniques (dont l'Ho'oponopono, que nous verrons plus loin) qui permettent de faire des excuses et d'envoyer de l'amour. C'est ce que ces entités attendent de ressentir avant de pouvoir quitter le monde terrestre. C'est ce dont elles ont besoin pour s'élever.

❖ Être rassurée

Certains animaux, très dépendants ou craintifs (p. ex., un animal qui a été sauvé par un refuge), ont besoin d'être rassurés et réconfortés dans le fait qu'ils sont désormais en sécurité. Si l'animal n'a pas eu le temps de développer un tel sentiment dans sa vie terrestre, il pourrait quitter ce monde avec un sentiment d'insécurité. Si cela se produit, il faut lui affirmer que vous êtes là et que ses anges gardiens sont là, donc que vous êtes tous présents pour l'aider et qu'il n'y a aucune inquiétude à avoir. Lorsqu'il verra la lumière devant lui, il n'hésitera plus. Il faut parfois être persévérant, mais les résultats seront bons.

❖ Être accompagnée

Une âme animale peut se sentir déboussolée. On doit alors la guider et demander de l'aide divine afin qu'elle soit accompagnée. Les âmes ne sont pas toutes aventurières, et certaines ont besoin d'un lien de confiance avec les autres avant de poser des gestes ou de faire des choix. On demande alors à l'ange gardien de l'âme animale de lui montrer le chemin vers cet au-delà lumineux. On peut également demander que l'âme soit accompagnée non seulement de l'autre côté, mais aussi guidée par la suite dans ce monde astral et dans sa nouvelle vie. Si l'âme en décide autrement, elle pourra en faire le choix, mais, si elle a besoin de cela, un guide pourra l'assister.

❖ *Se faire dire qu'elle peut partir*

Parfois, l'âme reste avec nous pour passer plus de temps en notre compagnie, même si elle sait qu'elle s'est désincarnée et qu'elle peut quitter ce monde. Cela n'est pas mauvais en soi, car certaines âmes décident de rester sur Terre un moment sous forme d'esprit. Par contre, il est possible que l'âme animale soit très liée à nous et qu'elle attende qu'on lui mentionne qu'elle puisse partir. On lui dit alors qu'elle est libre, qu'elle ne doit pas nous attendre, qu'elle peut passer à autre chose et qu'on la rejoindra plus tard. C'est un simple signal, une simple pensée par laquelle on laisse l'âme vivre sa nouvelle vie selon son essence, en pleine liberté.

Pourquoi une formation sur les animaux, et pas les humains?

Les situations humaines peuvent être très problématiques : il peut y avoir un nombre important de détails à évaluer. Certains diront qu'un passeur d'âmes n'a qu'à envoyer de l'amour, à canaliser les anges et archanges et à demander leur aide, mais il existe des cas qui nécessitent un contact plus personnalisé. Une personne qui a manqué d'écoute ne sera peut-être pas réceptive à un envoi d'amour fait de manière désintéressée. Son voile de noirceur est caractérisé par cette façon de faire, et elle a besoin d'être vue et entendue avant d'être capable de faire le choix de partir.

La notion de libre arbitre reste toujours très forte lorsque nous agissons positivement dans l'énergie. L'énergie divine ne peut faire des choix pour personne; elle ne brusque ni n'incite qui que ce soit à agir d'une manière précise. Ainsi, elle ne brusquera pas l'entité qui ne souhaite pas partir. Elle pourra faire germer en elle l'idée de quitter la Terre, de lâcher prise sur le passé ou encore sur la noirceur en elle, mais elle ne l'obligera pas à le faire. Chacun est maître de son destin. Je vous offrirai des exemples concrets sur le libre arbitre dans le chapitre 7.

Les animaux, eux, vivent rarement ce genre de complication. Innocents, ils reçoivent plus facilement l'amour, même si, dans certains cas, il faudra insister à quelques reprises. Par exemple, si l'âme animale s'était incarnée pour vivre pleinement sa vie, grandir, avoir ses enfants, puis mourir en paix, mais qu'elle a vécu une mort causée par la destruction de son environnement, elle pourrait être troublée. Il faut lui demander pardon, lui dire qu'elle mérite mieux et d'aller vers la lumière. Elle a peut-être besoin d'excuses humaines pour lâcher prise. Même s'il s'agit d'une conscience pure, elle peut vivre des injustices et ressentir les sentiments et émotions reliés.

La connexion des animaux avec la nature et la vie

Traçons un portrait général sur l'attitude des animaux afin de bien comprendre pourquoi ils sont plus en harmonie avec leur environnement et qu'ils auront plus de facilité à accepter la mort et leur nouvelle période de transition. Vous avez certainement remarqué que vos animaux vous aiment, peu importe votre apparence. Que vous soyez bien habillé et coiffé ou que vous sortiez du lit tout en étant grippé, cela ne change rien à leur amour. Ils ne jugent pas et n'ont pas de préjugés. Ils nous aiment tels que nous sommes. C'est pourquoi on dit qu'ils nous offrent un amour inconditionnel.

Dénigrer les autres races d'animaux ou leurs aspects ne leur vient pas à l'esprit non plus. Ils vont jouer avec cet autre chien même s'il est handicapé, peu importe sa couleur ou sa taille. Ils n'agissent pas par cruauté, mais seront violents pour se défendre, sinon pour survivre ou protéger les leurs. Les animaux ont gardé contact avec les énergies subtiles et peuvent ressentir des choses que nous ne pouvons pas. Ils pressentent également des phénomènes météorologiques et sont liés directement à la nature, car ils sont toujours à l'écoute.

Certains peuples ayant conservé les croyances de leurs ancêtres nous rappellent à quel point nous faisons partie d'un Tout. Aucune de ces parties n'est insignifiante; au contraire, toutes, même les plus petites, ont de l'importance. Les animaux ne leur sont pas inférieurs; ils incarnent simplement des aspects différents de la vie. Ces peuples sont généralement plus aptes à entrer en contact avec les entités divines et à recevoir leurs messages. Je crois que plus nous sommes reliés au Tout, plus nous sommes apaisés et en paix. Certains animaux sont peut-être plus avancés que nous sur ce plan.

Pourquoi les voit-on dans l'astral sous leur forme physique?

Étant limités par ce que nous connaissons du monde à travers nos cinq sens et par les signaux reçus par notre cerveau, nous concevons l'énergie selon des concepts humains. Par exemple, on connaît les anges sous la forme d'une créature humanoïde possédant des ailes. Or, dans l'énergie, les anges n'ont pas cette forme, car ce sont des entités d'énergie pure, tout simplement. S'ils nous apparaissent de cette façon, c'est pour qu'on puisse plus facilement les reconnaître et, surtout, pour qu'on soit à l'aise en leur présence. L'astral est fait d'énergie et l'énergie est la base de toute création.

L'astral est donc perçu par notre esprit humain, comme si nous vivions toujours dans le monde physique. Plus un plan est près de la Terre, plus il est imagé selon l'esprit humain. Autrement dit, l'énergie est façonnée selon ce que l'esprit croit qu'il devrait percevoir. Si votre don de voyance (l'imagerie mentale) ou votre don de médium (voir clairement les entités dans le monde physique) est actif, vous pourrez voir l'âme de l'animal selon la forme corporelle qu'il avait avant de mourir.

Cela se produit pour deux raisons. La première est que l'âme de l'animal est encore attachée au plan physique et prend comme modèle son ancienne apparence corporelle. L'énergie est donc modelée pour recréer cette forme. La seconde raison est que l'âme existe encore dans un plan parallèle au nôtre; elle devient donc plus facile à percevoir selon des concepts physiques et tangibles par notre esprit humain. Par contre, l'énergie de l'âme animale peut être en réalité très différente, et bien plus.

6

Quatre témoignages

6. Quatre témoignages

Je trouve que les cas vécus aident à comprendre des concepts spirituels pouvant sembler abstraits. Voici quatre témoignages différents. Le premier sera celui de Sessey, une collègue qui a perdu son chat alors qu'il était gravement malade; ils vivaient tous deux dans un logement hanté. Diane nous parlera de sa chienne, de leur séparation et de leurs retrouvailles, jusqu'à ce que le moment fatidique survienne. Isabelle, qui est médium et auteure, partage avec nous son témoignage sur Winnie, sa petite Yorkshire. Nous terminerons avec mon chat Crockett, qui était dépendant affectif et qui est parti très rapidement, trop vite pour moi.

❧ Le témoignage de Sessey

Ma collègue et moi dînions à l'extérieur lorsqu'elle me

parla de son ancien logement, qui était hanté par des énergies négatives, possiblement aussi des entités. Elle me raconta une histoire où son chat Félix, qu'elle avait sauvé de la rue, ne se sentait pas bien dans cet appartement. Malheureusement, les énergies négatives en place affectaient la santé de Félix. En fait, l'endroit était si infesté d'énergies lourdes que tous en ressentaient les effets.

Le 1ᵉʳ janvier 2016, Sessey constata à son réveil que Félix adoptait de drôles de postures avec une tendance à se cacher. Quelques minutes plus tard, il se mit à vomir par spasmes, puis retourna se cacher en douleur. Sessey accourut vers le seul hôpital vétérinaire ouvert à cette heure. En route, alors qu'elle le tenait dans ses bras, il poussa son dernier souffle de vie dans un immense cri de douleur comme jamais elle n'en avait entendu auparavant. Ce fut une expérience aussi choquante que douloureuse, car elle savait qu'il n'était pas parti dans de bonnes circonstances. Elle se doutait que son chat pourrait vivre des problèmes à élever son âme après sa mort.

En effet, le fait que son chat soit décédé dans un lieu hanté peut laisser des traces énergétiques négatives sur son âme, lesquelles font en sorte qu'une fois de l'autre côté, cette dernière est attirée par le négatif et les lieux où il réside, par exemple le bas astral.

Une nuit, Sessey fit un rêve très étrange. Elle se trouvait dans un lieu à l'allure inquiétante et il faisait nuit. Tout était sombre. Ce n'était pas un endroit rassurant ni agréable. À un certain moment, elle vit un grand trou noir dans le sol, comme un puits. Soudain, son chat Félix arriva. Il se tenait de l'autre côté du puits. Sessey n'osa rien dire, pas même son nom, pour qu'il ne tente pas de sauter au-dessus de ce trou menaçant. Puis, elle sentit qu'il allait sauter. Troublée, elle lui cria de ne pas y aller, mais il était trop tard. Elle tenta de le rattraper en vain. Elle regarda dans le trou, mais il y faisait si sombre qu'elle n'y vit rien. La tentation d'aller chercher Félix était extrêmement forte, mais une petite voix lui signifia qu'il était préférable de ne pas faire cela. Puis, le trou s'éloigna et elle se réveilla.

C'est à la suite de ces évènements que Sessey me raconta son histoire. Une petite voix – celle de mes guides – me confirma également qu'il était préférable de ne pas descendre dans le trou. On me signifia aussi que je ne devais pas faire le passage d'âme moi-même; que Sessey était la seule personne à pouvoir le faire. Puisqu'on me confirma que mes conseils seraient les bienvenus, je fis à Sessey quelques suggestions.

Nous nous entendîmes sur le fait de ne pas descendre chercher Félix dans le puits. Puis, je lui dis que, si elle refaisait ce « rêve », elle pourrait aller au bord du trou pour l'appeler vers elle. Il fallait lui faire signe qu'elle était là pour lui et qu'elle l'attendait en haut. Elle devait donc répéter son nom et lui dire de sortir pour venir la rejoindre. Il fallait aussi l'encourager en lui disant qu'il était amplement capable de sortir de là, qu'il n'avait qu'à le décider.

Des nuits passèrent et elles n'étaient pas propices. Bien que l'amour envers Félix fût assez fort pour déplacer des montagnes, Sessey devait être prête à affronter l'inconnu, et cela demandait du temps. Elle devait se préparer à ne pas paniquer, à se faire confiance et à faire confiance en les capacités de l'autre. Puis, une nuit, c'est en sommeillant dans un sentiment de bienveillance et en demandant l'aide de chats dont elle s'était occupée jusqu'à leur décès et qui étaient dans la lumière que la situation crainte mais attendue se produisit en rêve.

Ce fut lors d'un dîner subséquent que Sessey me parla de ce nouveau rêve. Elle me raconta que tout s'était fait rapidement. Au moment où elle s'était penchée avec détermination au-dessus du puits, Félix en sortit. Il s'était enfin libéré de ses souffrances de fin de vie et des énergies négatives qui tentaient de le retenir, tout ça, grâce à la force de son amour pour lui.

Par la suite, Sessey me raconta qu'elle avait revu Félix en rêve sous une magnifique forme : il était très beau, comme un chat angélique. Le passage d'âme avait été effectué avec succès. Nous en étions toutes les deux extrêmement heureuses.

❖ Le témoignage de Diane

Diane est une animatrice certifiée du Journal Créatif et elle offre des ateliers variés depuis 2005 : exploration des rêves, mandalas, art (peinture, pastel, aquarelle, etc.). Elle a découvert comment développer son potentiel spirituel et créatif à travers les arts, et elle transmet ses outils depuis. Médium, elle a vécu plusieurs expériences avec l'au-delà et peut donc partager avec nous une histoire vécue avec sa chienne Loulou. Voici son récit :

Loulou, une golden retriever abandonnée sur la route, « m'attendait » dans un refuge depuis deux ans. Une fois qu'elle fut stérilisée, toilettée et prête à partir, le vétérinaire me confirma qu'elle devait avoir un an et demi, sinon deux ans tout au plus. Habitant à la campagne, je pouvais lui offrir de grandes promenades quotidiennes, ce qui la comblait de bonheur. Elle reçut beaucoup d'affection de mes filles et de mon fils. Par contre, vint le jour où mes filles durent quitter la campagne pour aller étudier en ville. J'étais divorcée depuis peu et malade. Ce furent en grande partie Loulou et ses pitreries qui me sortirent de ma morosité et de ma dépression.

L'année suivante, je pris la décision de déménager en ville afin de me rapprocher des membres de ma famille. Ce changement fut bien vécu par Loulou. Même confinée dans un appartement, elle gardait sa joie de vivre. Travaillant à temps partiel, je pus continuer à lui offrir des promenades quotidiennes. Trois années passèrent ainsi, jusqu'au jour où je dus travailler à temps plein. Exténuée, je n'avais plus d'énergie ni de temps pour ma chienne. C'est là que Loulou commença à faire des dégâts dans la maison : elle m'exprimait qu'elle n'était plus aussi heureuse.

Après mûre réflexion, je pris la décision de lui trouver un nouveau foyer. Je devais agir pour son bonheur, même si mon cœur en était brisé. Je diffusai une annonce afin de trouver une famille d'adoption qui aurait du temps pour elle et de l'espace pour lui permettre de bouger. Même si elle avait 8 ans, Loulou restait très enjouée. Ce fut une famille de six enfants qui demeurait en banlieue qui l'accueillit. Étrangement, elle habitait tout près de la maison de campagne que j'avais quittée avec Loulou.

Je crois que Loulou savait que, ce jour-là, nous serions désormais séparées, car elle qui adorait les balades en voiture par-dessus tout fut malade dans l'auto. Une fois sur place, elle allait et venait entre sa nouvelle maison et moi. Elle posa même ses pattes sur mes épaules pour me signifier qu'elle ne voulait pas que je parte. Je pus finalement quitter les lieux, mais rapidement et sans me retourner puisque les adieux étaient trop difficiles.

Ayant gardé contact avec la famille, celle-ci me confirma que Loulou était très heureuse et épanouie auprès d'elle. J'eus l'occasion de la garder durant les vacances des fêtes et d'été pendant deux ans. Ce fut lors de son dernier séjour que je sentis que quelque chose n'allait pas. Je l'avais gardée tout le mois d'août et, cette fois, au retour à sa maison, Loulou ne voulait pas descendre de la voiture : elle voulait rester avec moi. C'était la première fois qu'elle agissait ainsi.

Durant l'automne, Loulou allait de moins en moins bien. Elle bougeait moins, semblait s'ennuyer et être embêtée par les enfants. Il est vrai qu'elle était plutôt vieille puisqu'elle venait de passer le cap des 11 ans. Ce fut en décembre que je reçus les mauvaises nouvelles. Loulou avait une pneumonie avancée et les soins étaient trop coûteux. De plus, le vétérinaire ne garantissait pas le retour à la santé. Pour lui éviter de souffrir plus longtemps, nous décidâmes de la faire euthanasier. Sa nouvelle famille et moi étions tout de même fiers d'avoir pu offrir une très belle vie à cette chienne pleine d'amour et de vie. Elle fut très aimée.

Quelques semaines après son décès, je rêvai de Loulou. Elle s'amusait avec d'autres chiens et des enfants. Lorsqu'elle me vit, elle courut vers moi. Je me penchai vers elle et la serrai très fort dans mes bras. Puis, elle appuya son front sur le mien et c'est là que je sentis qu'elle était en pleine forme et en paix. Je la laissai partir et elle retourna jouer avec ses nouveaux amis. Quand je me réveillai, je compris qu'elle était venue me dire qu'elle allait très bien et de ne pas m'en faire.

Je sais maintenant que le paradis des chiens existe et que Loulou y habite.

❧ *Le témoignage d'Isabelle*

Auteure et médium, Isabelle a écrit *Médium malgré moi* et *Messages de l'Univers*. Elle publiera en 2019 un ouvrage avec son éditeur sur le passage d'âmes.

Je lis très rarement des témoignages ou des ouvrages sur les médiums, mais, pour une raison que j'ignore, j'ai lu le sien. Autre fait important, je lis rarement des ouvrages informatifs en entier. Pourtant, j'ai lu son livre complètement d'un bout à l'autre. Les notions présentées n'étaient pas simplement retranscrites; c'était du concret et de l'expérience. La majorité des notions résonnaient directement avec mon propre vécu et étaient parfaitement alignées avec mes croyances et mes constatations.

À la suite d'un contact avec Isabelle, nous avons commencé à échanger sur notre travail en tant qu'auteures. À un certain point, nous nous sommes questionnées : C'est quoi, ton prochain livre? Je lui ai dit que j'écrivais sur le passage d'âmes animales et elle m'a répondu qu'elle écrivait sur le passage d'âmes humaines. Quelle synchronicité! Profitant de cette belle occasion, je lui ai demandé de nous offrir un témoignage en tant que médium, mais sur les âmes animales. Voici le témoignage qu'elle nous offre :

Winnie était ma petite Yorkshire de 12 ans. Lorsque je l'ai eue, elle avait 2 mois et tenait dans ma main. Elle m'a accompagnée durant une partie de ma vie, soit le début de ma vie d'adulte. Ce chien a été présent dans plusieurs étapes importantes et lors de transitions cruciales.

Un jour, à la mi-mai, je remarquai quelque chose de différent dans son énergie. Winnie, qui bougeait et jouait encore beaucoup, n'avait plus le même entrain. J'eus l'impression, pendant quelques secondes, qu'elle partirait bientôt, mais j'effaçai vite cette image de ma tête.

Quelque temps plus tard, vers la fin de mai, un matin, je m'aperçus rapidement que Winnie n'allait pas bien. Elle semblait amorphe et ne voulait plus manger, mais je devais aller travailler et je la laissai sur la couverture sur laquelle je l'avais couchée avant de partir.

Le soir, en revenant du travail, je la trouvai à l'endroit même où je l'avais laissée au matin. Elle était dans un genre de coma et ne réagissait plus du tout à rien. Je tentai de la faire boire et de lui donner à manger, mais rien ne pouvait la faire réagir. Rapidement, je me rendis compte qu'elle était en train de mourir. Malgré toute ma peine, je sus que je ne pourrais pas la sauver cette fois-ci et qu'il fallait que je me rende à l'évidence : l'accompagner vers son dernier repos était la seule solution. Par contre, je ne voulais pas qu'elle souffre. J'appelai le vétérinaire et je pris la déchirante décision de la laisser partir de la façon la plus douce possible pour elle.

Je pris ma voiture et roulai jusque chez le vétérinaire, qui était à environ 45 minutes de route de chez moi. Je passai une demi-heure à bercer ma petite chienne, dans son état léthargique, et à lui donner tout l'amour dont elle aurait besoin pour passer de l'autre côté. Étrangement, elle avait choisi de partir deux jours avant le début de ma nouvelle orientation de carrière et de changement dans ma vie. J'avais l'impression qu'elle m'avait accompagnée durant cette période de vie pour me dire : maintenant, tu peux continuer, j'ai fait mon travail!

À l'hôpital vétérinaire, quand je fus appelée pour le moment fatidique, je restai jusqu'au dernier moment. Je visualisai Winnie entourée d'amour et je la caressai jusqu'au bout, et même un peu après, en lui priant d'aller jouer avec les anges.

Quand je repartis chez moi, sur le chemin du retour, je sentis une énergie lumineuse qui gravitait autour de moi; je savais que c'était Winnie qui m'accompagnait. Je pleurai pendant un moment, même si je savais qu'elle était mieux où elle était maintenant.

D'ailleurs, quelques jours plus tard, je communiquai avec mon grand-père décédé et j'eus l'image de mon grand-père avec Winnie qui courait autour de lui. Alors, ça m'a rassurée sur le fait qu'elle était avec lui. Je sais que nos chemins se croiseront de nouveau pour une nouvelle tranche de vie!

❖ *Mon expérience personnelle avec Crockett*

Je devais me rendre à l'animalerie pour acheter une chatte qui serait tout sauf grise. Je suis revenue de l'animalerie avec... un chat mâle gris. Ce choix n'a pas été fait avec ma tête; si j'avais suivi mon côté rationnel, je n'aurais jamais fait la rencontre de cet animal unique. C'est là-bas que j'ai eu le coup de cœur et, encore aujourd'hui, je n'ai aucun regret. Même que je me félicite d'avoir écouté mon intuition dans un moment de ma vie où je ne m'y fiais que très rarement.

Cet animal, dont je parlerai à plusieurs reprises dans ce livre, s'appelait Crockett (en référence à une chanson de la trame sonore du jeu vidéo *Grand Theft Auto: Vice City*). Il n'a vécu que 5 ans et demi, mais il a tout changé dans ma vie. Il m'a apporté des enseignements que personne d'autre au monde n'aurait pu m'apporter. Malheureusement, sa fin n'a pas été aussi belle que je l'aurais souhaitée.

Crockett a d'abord été malade pendant une semaine, mais, après une visite chez le vétérinaire, on me confirmait qu'il allait très bien. Par contre, il avait une insuffisance rénale prononcée, qui fit en sorte qu'il ne vécut que deux semaines de plus. Avoir su, je ne l'aurais pas laissé à l'hôpital vétérinaire pour aller chez mon amie qui habitait loin de chez moi (plus d'une heure avec les embouteillages). Je serais restée dans les parages pour surveiller son état. Pourtant, les vétérinaires m'avaient dit qu'ils me donneraient des nouvelles seulement le lendemain.

Même s'il a reçu les meilleurs soins (il ne s'agissait pas d'une clinique, mais d'un hôpital vétérinaire), Crockett est quand même mort en souffrant seul, sans moi. La vétérinaire responsable était une perle, une personne très aimante et dévouée; je sais qu'un grand cœur s'occupait de lui, mais j'aurais aimé être là.

J'ai dû, à distance, donner mon autorisation pour l'euthanasie puisque le médicament donné causait de nouveaux symptômes (eau dans les poumons). Il n'y avait plus rien à faire. Je ne voulais pas insister à la mort de mon chat ni le faire souffrir; il me fallait le laisser aller.

J'ai vécu beaucoup de culpabilité et de remords à l'époque. (Je parlerai de ces sentiments dans le chapitre 16. Cette section pourra vous intéresser si vous avez vécu une situation similaire.)

Dans les semaines qui ont suivi, j'ai fait des rêves troublants, qui devaient probablement mélanger mon sentiment de culpabilité et la souffrance que mon chat avait vécue avant de mourir. Ces rêves étaient sombres et difficiles à observer. J'ai donc commencé à parler à Crockett, à le rassurer, à lui dire qu'il ne souffrait plus; que c'était terminé. Je lui répétais qu'il était libéré et sans souffrance. J'ai prié pour qu'on le guide et lui montre la lumière.

Crockett était extrêmement câlin et dépendant, donc ça lui a pris plusieurs semaines avant de partir. Ce qui ne m'a pas surprise. J'avais bien eu l'impression qu'il aurait besoin d'un coup de main et, après tout ce qu'il avait fait pour moi, je me devais de l'aider. J'ai vu son évolution à travers les semaines. De rêves sombres, les images ont changé vers une version plus sobre, même si encore triste. Puis, il était enfin enjoué, de retour en santé et pouvait se promener librement. Finalement, je lui ai ouvert un portail de lumière et je l'ai encouragé à passer.

Je lui ai fait comprendre que je serais toujours là pour lui, qu'il aurait toujours mon amour, mais qu'il devait aller de l'avant pour son propre bien et que c'était tout ce que je lui souhaitais : d'être heureux. Il devait donc partir. Je lui ai dit que je le retrouverai lorsque ma vie sera terminée, que ce n'était pas la fin pour nous deux. Je lui ai montré à quel point il me ferait du bien s'il acceptait de passer dans le portail de lumière pour poursuivre son évolution. Qu'il me manquerait, mais que je préférais le voir évoluer et vivre en liberté, plutôt que de rester près de moi. Il a passé le portail de lumière!

Toutes les fois où je l'ai vu en rêve par la suite, il était magnifique! Ce n'était plus un chat normal, avec un pelage commun. C'était comme s'il émanait une lumière provenant de lui qui le rendait encore plus beau qu'il ne pourrait jamais avoir été sur Terre. Il m'a fait penser à un chat angélique! Cela m'a fait énormément plaisir de le voir ainsi puisque je n'avais pas eu de nouvelles durant un long moment entre la traversée du portail et cette visite sous cette nouvelle apparence.

Je suis convaincue d'avoir pu le libérer autant de sa dépendance affective que de son épreuve de fin de vie. Je suis certaine qu'il est maintenant très bien de l'autre côté et qu'il a de très belles occupations. Même si la mort d'un animal de compagnie est triste, nous avons le pouvoir de transformer la situation et de la rendre lumineuse. Il suffit d'agir pour offrir le coup de pouce manquant. Vous pouvez le faire aussi.

7

À savoir avant de pratiquer

7. À savoir avant de pratiquer

Le libre arbitre

Nous avons abordé rapidement le sujet du libre arbitre au début du livre, mais cette notion est très importante dans toutes les sphères du domaine ésotérique. Lorsque nous agissons en harmonie avec l'Univers et de manière positive dans l'énergie, le libre arbitre est une loi que nous devons respecter. Nous ne pouvons pas faire des choix à la place de qui que ce soit, même si « c'est pour son bien », car cela modifie la polarité même des énergies. Par contre, nous pouvons inspirer l'autre à agir ou le conseiller, sinon lui montrer l'exemple ou l'inviter à poser un geste, en toute bonne foi, avec gentillesse et un cœur ouvert.

Les entités positives ou divines doivent toujours être interpelées volontairement. Nous devons leur demander d'agir dans notre vie, car elles ont besoin de notre accord. Une fois cette permission accordée, elles agiront. Vous me direz peut-être qu'elles interviennent parfois délibérément, sans qu'on le leur demande. C'est vrai. Dans ces cas, les entités divines perçoivent un besoin et font un accord avec votre âme pour vous venir en aide. C'est votre moi profond qui leur donne la permission. Cela est souvent fait pour l'harmonie de votre mission de vie.

Lorsque nous appelons à nous des forces positives ou encore lorsque nous visualisons des portails de lumière dans l'au-delà afin que des âmes égarées les traversent, nous le faisons en respectant le libre arbitre de l'entité et en l'accueillant dans l'amour. Une maison chaleureuse qui sent la bonne nourriture et peuplée de gens qui font la fête est très invitante par une froide nuit d'hiver. Quiconque y serait invité aurait envie d'y aller. Or, il faut comprendre qu'il peut y avoir des exceptions et il faut envisager cette possibilité.

Si nous appelons l'énergie divine pour convaincre des entités qui trainent dans une maison hantée de la quitter, nous avons des chances d'y faire un grand ménage... si, et seulement si, les entités qui y sont coincées sont prêtes à partir. L'énergie divine ne brusque personne. Elle explique, suggère, démontre. Elle peut faire germer l'idée d'un monde meilleur chez cette âme, mais cette dernière reste libre de progresser ou non. Bref, nous ne sommes pas là pour aider les âmes contre leur gré.

Dans l'astral, il existe de l'aide, mais nous devons tout de même faire les choses par nous-même : faire des pas et faire des choix. Nous sommes des êtres autonomes qui décident de ce que nous souhaitons devenir. Si une personne fait passer de force une âme vers l'autre monde, elle n'aura pas fait l'étape de libération nécessaire à son cheminement et à la construction permanente de sa lumière. Certaines personnes sont tombées très bas dans la vie en raison d'épreuves difficiles, mais, une fois sorties du trou, elles n'y retournent pas, car elles ont compris. Elles sont passées à un autre niveau d'évolution. C'est là que le passeur d'âmes doit avoir l'humilité et la compassion nécessaires pour accompagner l'âme dans son épreuve.

À mon avis, c'est ici qu'entre en jeu l'utilisation des dons et des capacités psychiques et énergétiques. Si une âme ressent trop de tristesse, a besoin de pardonner ou qu'on lui pardonne, c'est en l'écoutant qu'on comprendra son histoire et qu'on pourra lui apporter la solution qui lui manque. C'est en voyant sa vie et ce qui la retient sur Terre qu'on pourra faire la part des choses avec elle, puis l'encourager à lâcher prise, à s'élever et à passer à un autre niveau d'évolution. Elle peut d'abord avoir besoin de se libérer d'une charge émotionnelle.

Certaines entités sont si ancrées dans leur noirceur et croient tellement la mériter qu'elles s'y accrochent. Elles repoussent la lumière et se battent contre elle. Notez bien que j'ai connu des gens, bien réels et vivants, qui détestaient les anges et qui ne voulaient pas en entendre parler, sous peine de devenir colériques. C'est un peu le même scénario, mais en astral. Ces entités doivent d'abord faire la paix avec elles-mêmes et ne plus se considérer comme des êtres sombres, car nous sommes tous des êtres de lumière. Toutefois, ce cheminement peut prendre du temps.

Je vous donne un exemple personnel. J'ai visité une maison hantée où il y avait l'entité d'un homme au sous-sol, qui, nous semblait-il, avait tué des gens (probablement sa propre famille). Nous nous sentions constamment étranglées. J'ai commencé à propager de la lumière autour de moi, mais il s'est sauvé. Nous avons donc changé de tactique. J'allais dans la pièce où il se tenait. Je dégageais de la lumière, tandis que ma collègue l'attendait dans l'autre pièce où il se rendait chaque fois pour m'échapper. C'était la seule et unique façon pour qu'elle réussisse à lui parler.

En effet, les entités peuvent se cacher. Par exemple, l'hiver, je ne sors pas de la maison à -40 ºC, mais, si la maison est en feu, je vais en sortir. Par contre, une fois le feu éteint, j'y reviens. C'est la même chose pour cette entité. Si vous arrivez avec une forte lumière et que cette âme n'est pas prête à quitter l'endroit, elle va simplement sortir ou se cacher, puis attendre dans un coin que vous ayez fini. Ensuite, elle reviendra et se cachera chaque fois que vous viendrez. Il faudra peut-être éventuellement faire des traitements à distance.

Prenez note que des situations similaires sont plutôt improbables avec les animaux. J'ai proposé cet exemple avec une âme humaine afin d'illustrer la notion de libre arbitre.

Je termine avec une notion de base en ésotérisme qui est générale et qui s'applique à tout ce que vous ferez de spirituel. Il s'agit de prendre le temps de bien faire les choses. L'ésotérisme n'est pas une course contre la montre. Il s'agit d'un apprentissage lent, qui prend plus ou moins de temps et qui nous demande parfois beaucoup de patience.

C'est un cheminement, un processus où chaque étape compte vraiment. L'ésotérisme et la spiritualité ne se situent pas dans l'instantané. Je sais que notre société est presque totalement infusée dans ce concept. Or, nous pouvons toujours revenir à la source et faire les choses correctement.

Impliquez-vous dans ce que vous faites et faites-le à 100 % avec votre cœur et en offrant de votre temps. C'est ainsi que vous vous assurerez des résultats positifs.

Un médium qui leur ressemble

Chaque médium attire à lui ou à elle un type d'entité particulier, que ce soit des adultes, des enfants ou encore des animaux. Nous avons tous une personnalité et une approche différentes. Disons que cela nous fait vibrer et résonner d'une façon spécifique dans l'astral. Notre âme, notre manière d'être, c'est un peu notre signature personnelle de l'autre côté.

Il est donc normal que certaines personnes ne reçoivent la visite que d'un type d'entité en particulier. Règle générale, les gens qui se spécialisent avec les animaux ont une vibration qui concorde bien avec eux. Ces âmes se sentent spontanément plus à l'aise avec ce type de médium. Bien sûr, même si nous avons des affinités, nous pouvons communiquer avec tous les types d'âmes ou d'entités.

Notre façon de penser et de voir la vie peut amener sur notre route des entités qui pensent de la même façon. Cela peut avoir comme effet de mieux les comprendre spontanément et donc de les accueillir avec respect et compréhension dès le départ. Elles se sentent ainsi en harmonie avec vous.

Pourquoi les âmes viennent-elles vers vous?

Elles peuvent vouloir que vous les aidiez à passer de l'autre côté. Sinon, elles peuvent tenter de combler de multiples besoins : être écoutée, comprise ou pardonnée, raconter son histoire à une oreille attentive ou encore se faire rappeler qu'elle est un être de lumière.

Si vous ressentez la présence d'une âme, mais que vous ne vous sentez pas à la hauteur pour l'aider, n'hésitez pas à le lui faire savoir et fermez-vous à ce type de contact. Vous n'êtes pas dans l'obligation de faire quoi que ce soit pour elle, alors utilisez votre libre arbitre. Vous ne l'abandonnez pas, car il existe d'autres médiums qui se vouent à cette cause. Chacun agit comme il le souhaite pour son propre bien et celui des autres.

Est-ce un bon ou un mauvais esprit qui vous contacte?

Chez les animaux, il n'y a pas de question d'intention. Comme nous l'avons vu, ces derniers sont purs et ne chercheront pas à faire du mal intentionnellement. Si une âme animale est troublée, elle pourra sembler agressive, mais elle ne sera pas mauvaise en soi. En fait, cette dernière ne vient pas pour vous faire du mal; elle a simplement peur et a besoin de vous.

Sachez ceci : vos anges gardiens ne laissent passer que les entités avec lesquelles vous avez la force d'entrer en contact. Ils ne vous soumettront pas à des âmes errantes malsaines ou sournoises si vous n'avez pas la capacité de gérer ce type de contact. Ils ne vous mettront pas en danger. Si l'on vous parle d'une maison hantée, que vous y alliez, mais que vous n'avez pas « le niveau de maîtrise » pour aider, il est possible que vous ne sentiez rien du tout et qu'il ne se produise aucun phénomène étrange lorsque vous êtes sur les lieux. C'est pour vous protéger.

Vos anges gardiens ne forceront pas de contact non plus; ils n'établiront pas un lien sans votre permission. Leurs messages seront souvent très doux; ils passeront par vos rêves, vos intuitions ou des inspirations soudaines. Donc, si vous hésitez à propos d'une entité qui est présente, soyez à l'aise de lui dire de partir. Vos anges créeront toujours une ambiance positive, sereine et apaisante. Il n'y aura pas d'ambiguïté.

Si vous êtes trop sensible aux entités

Vous devez vous affirmer, avec cœur, avec certitude, avec croyance et avec vos tripes. Vous ne voulez pas que certaines entités vous contactent? Vous devez le dire avec cœur et détermination! Elles ne pourront pas vous approcher si vous ne le souhaitez pas.

Je ressens les entités dans les lieux, mais je n'ai jamais voulu développer ma clairvoyance pour les voir m'apparaître. À aucun moment, je n'ai vu quoi que ce soit que je n'ai pas souhaité voir. C'est une limite qu'on impose soi-même, selon ce qu'on souhaite vivre ou non. Cette limite doit être respectée et elle l'est, si l'on y croit.

Si vous n'arrivez pas à prendre position à ce sujet, vous pouvez vous référer à toutes notions qui parlent de la purification et de la protection (p. ex., le sel, les pierres, des talismans ou des objets de piété). Si l'énergie circule bien dans votre maison et que le courant est positif et libre, cela aidera aussi à ne pas faire stagner l'énergie dans des endroits et à retenir des entités. Nettoyez, ouvrez les fenêtres, aérez régulièrement, faites un renouveau chez vous et reprenez votre place.

Si vous utilisez régulièrement vos capacités de passeur d'âmes, d'autres entités peuvent vous visiter

Je vous donne ces derniers conseils puisqu'il est possible d'attirer à vous d'autres âmes en utilisant vos capacités de passeur. Si vous voulez seulement faire passer de l'autre côté votre animal de compagnie ou celui d'un ami, attirer d'autres entités risque très peu de se produire. Toutefois, si vous décidez d'utiliser les notions plus complexes que nous verrons plus loin, qui demandent plus d'implication et qui sont directement liées au rôle de passeur d'âmes, certaines âmes errantes pourraient percevoir votre lumière et être attirées par elle. Vous devez donc être prêt ou prête à jouer votre rôle et à poursuivre votre tâche d'aider les âmes.

Puisque nous travaillons avec les âmes animales, en libérant un endroit précis ou une âme perdue, vous devenez le symbole d'une possible libération pour ces futures âmes qui croiseront votre chemin. Si vous avez tendance à vous retrouver sur des lieux qui peuvent contenir des âmes (refuges, autoroutes, etc.), cela devient encore plus probable. Décidez dès maintenant si vous souhaitez simplement vous impliquer personnellement (pour vos animaux ou ceux de vos amis) ou si vous êtes prêt à ouvrir la porte aux âmes animales errantes ou égarées, quelles qu'elles soient.

Vous pourrez toujours établir des limites et des règles à votre aise. Par exemple, vous pouvez fermer vos capacités lorsque vous êtes au travail, ou encore vous pouvez énoncer que vous ne ferez rien la nuit et que personne ne doit perturber votre sommeil. À moins de leur donner la permission d'entrer dans vos rêves, les âmes errantes ou égarées vous laisseront dormir en paix.

Chaque fois que vous percevez quelque chose qui ne vous plaît pas, établissez vos limites, tout en lui disant que vous l'aimez tout de même. Si un jour vous désirez arrêter de faire des passages d'âmes, vous devez le faire savoir en énonçant clairement vos intentions dans votre tête, avec conviction. Ne démordez pas de votre choix. Lentement mais surement, vos capacités se fermeront : vous n'entendrez plus et ne verrez plus les âmes errantes ou égarées.

8

La réincarnation

8. La réincarnation

Il existe plusieurs croyances sur la réincarnation. Tous ne croient pas aux mêmes concepts ni processus. Je vous présente ici les trois croyances qui reviennent le plus souvent concernant la réincarnation des animaux. Nous verrons ensuite des notions qui concernent ce même domaine, mais qui sont beaucoup plus acceptées généralement. Ce sont des informations sur le pourquoi et le comment de ce processus.

De manière générale, ce manuscrit n'est pas basé sur une théorie de la réincarnation en particulier, mais répondra plutôt à des questions précises, qui, selon le contexte, pourront être liées à une croyance ou une autre. À vous d'adhérer à la théorie qui vous plaît le plus.

Trois hypothèses sur l'incarnation

❖ La chaîne d'incarnation

Certains croient que l'évolution de l'âme, qui est accomplie par son incarnation dans le monde physique, se fait par étapes. Il faut s'incarner sous la forme de la première entité physique, puis la seconde, ainsi de suite. La théorie nous dit qu'on vient d'abord sous forme minérale, végétale, animale et, pour terminer, humaine. Cela serait la ligne de conduite, l'évolution normale d'une âme. Une fois que l'âme a été humaine, elle pourrait se réincarner dans un corps humain afin de perfectionner son évolution, sinon jusqu'à l'atteinte de certains objectifs.

Dans ce scénario, les animaux en sont à l'étape qui précède la nôtre dans leur cheminement. Ils doivent passer cette dernière avec succès avant de pouvoir se réincarner, mais, cette fois, dans un corps humain.

Cela suppose que le manque de capacités intellectuelles ou motrices est une restriction volontaire dans les premières formes d'incarnation. Ainsi, en passant de l'entité physique la plus limitée (minérale), nous apprenons progressivement comment vivre dans le monde. Cela nous permettrait de comprendre ce qu'est la vie sur Terre et de saisir notre rôle à venir, à la suite de notre passage dans le monde physique.

On apprend donc la vie une notion à la fois. En étant un minéral, on existe plutôt sous une forme passive ou légèrement active (p. ex., une améthyste qui purifie une pièce). En tant que végétal, on commence à se connecter au monde, aux autres plantes et aux autres éléments. En étant animal, on explore ce qu'on a été auparavant et on voit plus de paysages; on vit également plus d'expériences. On affronte directement d'autres formes de vie en ayant les moyens de se défendre, sinon on interagit avec elles. Puis, la forme humaine nous offre des capacités et des possibilités en grand nombre, ce qui constitue une incarnation beaucoup plus complexe.

❧ L'âme a une essence propre

Certaines personnes croient que l'âme a une essence fondamentale et qu'elle évolue selon cette dernière. Selon ce concept, si une âme animale meurt, elle ne peut revenir sur Terre que sous forme animale. Même chose pour l'âme qui se serait incarnée dans un corps humain : elle serait en fait d'essence purement humaine à la base. Ceux qui adhèrent à cette théorie croient en la réincarnation de leurs animaux.

Je vous donne en exemple le livre de Michèle Morgan, *Suivre le courant*, qui présente plusieurs exemples à propos de ses animaux. Elle y raconte en détail comment sa chienne Soleil lui est revenue plusieurs années plus tard, dans le corps d'un autre chien. Notons qu'elle et son mari ont même fait des tests pour être certains que le nouvel animal était bel et bien la réincarnation de Soleil. Elle nous parle aussi de Youri, de Fanfan et de Mozart, avec lesquels elle a vécu des expériences incroyables. Si cette lecture vous intéresse, vous trouverez la référence en bibliographie.

Une amie médium croit elle aussi que les âmes des animaux ne se réincarnent que chez les animaux et que les humains restent toujours des humains. Elle croit aussi qu'on peut revoir plus tard un animal que nous avions chéri, dans un nouveau corps toujours de nature animale.

Ayant canalisé énormément de messages d'êtres chers disparus jusqu'ici, elle fonde ses croyances sur son vécu.

On s'écarte alors de la toute première théorie, selon laquelle l'âme fait un cheminement à travers les différentes formes du monde physique. On croit ici plutôt à une essence pure qui est définie à la source, par la création même de l'entité en question. L'âme revient plutôt sur Terre pour des raisons personnelles, pour différentes missions de vie ou pour d'autres objectifs définis avant l'incarnation.

❖ *Mon hypothèse personnelle*

Puisque nous sommes des humains et que nous n'avons pas toutes les réponses sur l'au-delà, il existe des théories différentes auxquelles nous adhérons, sans savoir laquelle est réellement la bonne. Je vous propose une dernière théorie, qui est la mienne, mais aussi celle d'une enseignante sur la communication animale et d'une chamane. Ce sera à vous de voir à quelle théorie vous adhérez.

Pour moi, la réincarnation est vaste; elle n'est pas définie par des lignes de conduite, des règles, ni des lois, mais est régie d'une tout autre manière. Les possibilités sont infinies et illimitées et, selon ma conception, c'est notre esprit qui crée des barrières. Je ne crois en rien de si immuable qu'il ne changerait jamais.

D'abord, je ne suis pas certaine si la réincarnation telle que décrite par les croyances spirituelles ou religieuses ancestrales existe. Je crois plutôt à l'évolution de l'âme et à des choix d'existence selon ses propres besoins d'expérimentation. Selon moi, nous pouvons nous réincarner en ce que nous voulons, sinon dans la forme dont notre âme a réellement besoin. Je ne crois pas en des chaînes d'incarnation ni en des limites dans l'essence, mais bien en une progression libre, sur des territoires vastes et variés.

Je ne crois pas que l'âme se réincarne seulement sur Terre, mais bien qu'elle s'incarne sur d'autres planètes, sinon dans d'autres plans, qu'ils soient astraux ou même physiques. Il m'est facile d'imaginer une âme qui voyagerait dans l'astral dans de multiples mondes pour vivre des existences dont nous n'avons même pas idée. Des mondes si différents du nôtre que notre cerveau humain ne possède pas les capacités pour en comprendre le fonctionnement.

Ainsi, je crois qu'une âme incarnée dans un animal peut se réincarner en humain, puis, selon son évolution, retourner dans un corps animal à nouveau. Chaque forme physique apporte des connaissances nouvelles et variées à l'âme : la liberté de voler de l'oiseau, la vitesse d'un félin ou d'un animal de proie, la capacité de communiquer avec un sonar ou encore de respirer sous l'eau. Pour moi, tous ces états permettent d'intégrer des connaissances qui ne pourraient l'être autrement.

Je vois aussi les épreuves de vie comme étant porteuses d'un enseignement distinct. Si l'on pense à un humain prisonnier de ses pensées malsaines, il affronte un défi mental. L'animal qui ne cesse de hurler à la vue de la moindre personne est plutôt prisonnier de ses émotions et doit apprendre à s'harmoniser avec elles. Pour moi, chaque incarnation apporte un défi en soi. Être une proie ou un prédateur également.

Certaines personnes croient que nous évoluons en groupe. Elles parlent de groupes d'âmes qui ont des objectifs similaires et qui sont semblables dans leur essence. À nouveau, mes croyances s'écartent de cette théorie. Je crois que nous sommes tous connectés, que nous sommes tous des éléments de l'Univers, du Tout. Présentement, nous en sommes une facette, mais nous en serons une autre plus tard. Alors, je ne peux pas confirmer que nous évoluons uniquement dans un groupe d'âmes. Nous sommes tous liés, tous différents; donc tous isolés et unis à la fois au grand Tout, et pas seulement à une seule partie/parcelle de l'Univers. Pour moi, c'est la société qui tente de nous diviser. Le Divin, lui, n'est pas ainsi.

Comme je l'ai mentionné plus haut, je ne suis pas spécialisée en réincarnation, mais j'en connais les grandes lignes. Ainsi, je ne pourrais pas vous expliquer pourquoi certains animaux ou même certains humains s'incarnent pour vivre des expériences atroces. Qu'on parle d'abattoir ou de pays en guerre, je ne suis pas en mesure de justifier ces existences souffrantes par des croyances. La seule raison qui explique ces souffrances, selon moi, est pour que l'âme vienne constater à quel point le monde humain va mal afin d'exiger des changements une fois de l'autre côté, sinon d'en provoquer alors que nous sommes de passage sur Terre, lorsque cela nous est possible.

Notions variées sur la réincarnation

❧ Mon animal ira-t-il au paradis?

Oui! Que vous croyiez au paradis, à un lieu où les énergies sont positives et divines – bref, peu importe comment on le nomme –, c'est dans ce lieu que l'âme de votre animal ira. J'ai exposé précédemment que j'avais pu apercevoir plusieurs lieux qui pourraient être décrits comme étant paradisiaques ou même y être allée. Ces endroits sont multiples et vos animaux pourront sans problème y trouver leur place selon leur intérêt et selon l'évolution de leur âme.

Lorsque l'âme animale quitte le corps physique de façon naturelle ou positive, elle n'attend pas pour profiter de ces lieux divins. Elle peut très bien aller ailleurs, puis revenir visiter le monde humain de temps à autre. Lorsque nous quitterons nous-même la Terre, notre âme pourrait se retrouver dans les mêmes endroits paradisiaques que l'âme animale. Tout dépend de l'âme, de son essence, de ses buts d'évolution ou de son cheminement d'existence (voir plus loin dans ce chapitre). Certains endroits ouvrent leurs portes à des visiteurs. Le temps dans l'astral n'est pas linéaire comme on le perçoit dans notre vie terrestre. Même si l'âme n'est plus incarnée, elle est toujours là quelque part et nous aurons toutes les occasions de la croiser à nouveau.

Selon mes croyances, les animaux peuvent choisir de se réincarner, soit en animal, sinon en humain ou sous une autre forme de vie. Je crois également qu'ils peuvent décider de rester dans l'astral et ainsi devenir un guide ou une sorte d'ange gardien. Ou encore au contraire, ils peuvent quitter le monde terrestre pour un « ailleurs » et ne jamais revenir sur Terre.

Je suis d'ailleurs convaincue que mon chat actuel veut devenir un humain dans sa prochaine incarnation. Au contraire, le chat que j'ai perdu précédemment, qui porte en lui un amour pur, va certainement vouloir devenir un guide spécialisé en guérison émotionnelle, sinon un autre animal plein d'amour. Mais je penche beaucoup plus pour la version ange gardien.

❧ *Mon animal se réincarnera-t-il?*

Je crois qu'il est possible que votre animal se réincarne dans un nouveau corps animal. Les histoires que j'ai lues dans plusieurs livres et sur Internet sont aussi intéressantes que crédibles à mes yeux. Malgré tout, je ne crois pas que votre animal reviendra en étant exactement le même (personnalité, agissement, mission de vie et corps physique). Mon explication est basée sur le concept même de l'évolution de l'âme. Prenons par exemple un chien qui est mort. Son âme va dans un lieu astral divin où elle reçoit de nouveaux enseignements. Puis, elle décide de revenir sur Terre.

Sa nouvelle incarnation sera différente puisque son âme aura évolué entre les deux passages terrestres. Dans l'astral, elle aura acquis de nouvelles connaissances et aura probablement absorbé en son âme les notions abordées dans sa précédente incarnation. Par conséquent, dans cette prochaine vie, elle viendra vivre des choses différentes pour apprendre des notions nouvelles. Une partie de votre animal, soit sa personnalité, pourra toujours être là, mais ce ne sera plus exactement le même animal, même s'il était chien et qu'il revient sous la même race de chien. D'ailleurs, il pourrait même se réincarner sous une autre forme.

La biologie a aussi ses effets. Même si l'âme choisit la mère et le père dont elle a besoin, les gènes seront quand même codés différemment de l'incarnation précédente. Personnellement, je n'ai jamais connu mon frère avant l'âge de 15 ans. Pourtant, nous sommes si semblables que plusieurs croient que nous avons vécu ensemble, alors que ce n'est pas le cas. Mon père, jamais connu dans l'enfance, m'a aussi transmis ces mêmes gènes, car nous avons la même personnalité. Ainsi, sans programmation psychologique ni vécu partagé entre vous et lui, votre animal réincarné sera différent.

Le libre arbitre et les choix personnels sont très importants ici. On ne peut pas juger ni comprendre le but d'évolution de l'âme d'une personne ou ce qu'elle doit faire pour l'atteindre. Sa mission de vie contient ses buts et ses idéaux, mais l'âme peut toujours dévier du plan initial. Ce sont le cœur et l'intuition qui savent comment être heureux et avec qui évoluer. C'est une autre dimension qui rend la réincarnation plus complexe et qui ne fera pas nécessairement en sorte qu'un animal reviendra dans votre vie, même si cela est tout à fait possible!

❖ Comment puis-je lui parler s'il s'est déjà réincarné?

Vous pouvez adhérer ou non à cette théorie. Selon moi, l'âme possède le pouvoir d'ubiquité, c'est-à-dire d'être à plusieurs endroits à la fois. Elle n'est pas unique et simple; elle possède différentes facettes. Par exemple, notre subconscient serait une entité intérieure liée à notre corps astral émotionnel, tandis que notre moi supérieur serait une entité hors de notre corps, dans l'astral divin, qui communique avec notre moi conscient. Si nous pouvons être trois entités différentes alors que nous sommes dans une seule incarnation terrestre, le fait d'entrevoir plus de possibilités dans l'astral m'est concevable.

L'âme n'est pas coincée dans le temps ni dans ses apparences et incarnations. Ainsi, il est toujours possible de communiquer avec l'essence même de l'âme de votre animal, même s'il s'est réincarné dans un nouveau corps. Sa conscience supérieure reliée au Divin reste toujours disponible pour une communication.

Les enseignements et apprentissages des âmes

Avant qu'une âme décide de prendre place dans un corps physique, elle doit normalement faire des choix qui lui permettront d'évoluer. Une âme animale qui choisit un compagnon humain pour sa prochaine vie terrestre le fait pour des raisons précises. Voyons quelques exemples.

❖ L'âme animale a des notions à enseigner

On pensera, par exemple, à apprendre à : être plus à l'écoute, être plus patient, donner de son temps personnel, être empathique ou à lâcher prise. Les meilleurs exemples sont donnés dans les émissions de télévision où un entraineur animalier aide des personnes qui ont des animaux de compagnie ayant des comportements problématiques. Souvent, ces animaux ont des compagnons humains qui affichent de mauvais comportements eux-mêmes : ils agissent comme des enfants, se laissent marcher sur les pieds et s'obstinent avec l'animal, etc. Dans ces cas, l'humain doit apprendre à prendre sa place sans dominer, en s'imposant au lieu de céder son espace vital, ce qui lui servira ensuite dans toutes les facettes de sa vie.

Le duo animal-humain existe souvent pour une raison. Le chat que j'ai perdu en 2012 n'a vécu que 5 ans et demi. Il était venu m'apprendre à cajoler et à me sentir aimée, à ouvrir mon cœur et à sortir de ma tête tourmentée. Juste d'y penser, je suis émue, car il a été le point de transition entre mon passé empreint de violences, de souffrances, de vampirisations, d'infantilisations et de rabaissements, et un présent teinté d'amour, de tendresse, de bien-être, de maturité et, surtout, d'un sentiment d'être réellement importante pour une créature vivante.

Une fois cette transition terminée et le ménage fait dans ma vie, il m'a quittée. Il n'a vécu que quelques années, mais, durant cette courte période, il a été pour moi un véritable ange terrestre. Il m'a appris à revivre, il a fait renaître en moi des émotions enfouies par défense, il m'a permis de me retrouver. Pour cette raison, il est difficile pour moi de comprendre que les gens voient les animaux comme des objets. Ce sont de belles âmes pures qui nous poussent à évoluer et qui, parfois, nous libèrent.

❧ *L'animal et l'humain doivent faire des apprentissages communs*

Ces âmes travaillent ensemble, car elles ont le même type d'enseignement à recevoir ou de mission à accomplir. Je prends ici en exemple mon chat actuel. Cet animal a un comportement et une attitude similaires aux miens. Je dis parfois : « Il me ressemble tellement qu'il me tape sur les nerfs! » Il est indépendant et a un fort caractère; c'est aussi un aventurier et une créature sociale. Il adore faire ce qu'il veut quand il le veut. Même s'il faut faire des efforts pour l'apprivoiser, au final, il est totalement adorable. Bref, il me montre ce qui cloche dans mon comportement et me reflète l'évolution que j'ai à faire pour devenir meilleure.

L'étrangeté de la chose, c'est qu'il a développé des allergies en même temps que j'ai développé des intolérances alimentaires. Nous avons vécu dans plusieurs appartements et, donc, dans des milieux de vie différents. Tous les deux, même en étant dans des corps tout à fait dissemblables, nous avons évolué un peu de la même façon. Nos personnalités sont plus souples, plus ouvertes à la nouveauté et plus détendues. C'est très drôle de se comparer à un animal, mais, dans les faits, les ressemblances sont là. Nous avions un cheminement parallèle et, encore aujourd'hui, nous nous soutenons l'un l'autre.

Mon chat me réveille quand je fais de la fièvre et qu'elle monte sans que je le sache; je le réveille quand il fait des cauchemars. Il m'aide avec les entités dans la maison; je lui fais des soins Reiki. Nous sommes une sorte d'équipe, plutôt comique, qui devrait arriver au bout de son épreuve commune en même temps. Je crois que lorsqu'un animal ressemble fortement à son compagnon humain, c'est qu'ils ont ce type de partage à faire, qu'ils cheminent sur la même route et qu'ils doivent progresser à la même vitesse pour arriver au bout ensemble.

❧ L'âme animale vient chercher un enseignement ou une expérience précise

On pensera ici à un animal qui veut combler un manque d'amour. Prenons par exemple l'histoire, bien triste, d'un animal sauvé de la rue, mais qui meurt quelques semaines plus tard. Cette âme, qui a pu être blessée autant dans une vie passée que dans la présente, peut avoir souhaité guérir de sa blessure d'abandon. Elle se retrouve dans les bras d'une personne qui l'aime inconditionnellement, entourée de gens qui veulent son bien et qui souhaitent qu'elle aille mieux. Elle quitte le monde terrestre dans l'amour et son âme peut s'élever d'elle-même. Elle peut quitter ce monde tout en étant jeune, car elle est venue chercher ce qui lui manquait pour aller de l'avant.

Pour nous qui vivons une telle situation, notre cœur est brisé et nous ne comprenons pas l'acte de bienveillance et de lumière que nous venons d'offrir gracieusement à cette belle âme. Nous ne savons pas que nous venons de la faire passer à une autre étape, très importante, de son évolution vers le Divin. La douleur que nous portons est lourde, mais, si ces notions peuvent vous réconforter, alors votre cœur sera plus léger. La mission des uns et des autres est parfois un mystère, c'est pourquoi nous devons toujours faire de notre mieux et offrir de notre amour, car les réponses ne viendront peut-être pas. Néanmoins, l'action de notre amour, elle, agira réellement dans tous les cas.

❄ *Dans toutes les situations*

Être reconnaissant d'avoir été choisi pour partager cette expérience de vie avec votre animal.

Les missions d'aide ou les animaux anges gardiens

Je reviens sur l'exemple où l'animal a des notions à enseigner à son compagnon humain. Je pousse la note encore plus loin. Mon chat Crockett ne semble pas avoir été seulement un sage enseignant pour moi; à plusieurs reprises, il a été bien plus. Je vous raconte l'exemple le plus frappant.

Au travail, une collègue temporaire avait besoin de boîtes pour préparer son déménagement. J'offre de lui en donner puisque je venais d'emménager dans un appartement. Alors que nous nous dirigeons vers chez moi, elle me raconte qu'elle part dans l'Ouest canadien, ce qui n'était que la prémisse de son aventure. Elle était en fait amoureuse de l'histoire et voulait suivre, éventuellement, un personnage historique en particulier. Par contre, elle doutait à propos de son choix puisque ses parents ne voulaient pas qu'elle parte si loin. Surtout que sa première destination ne serait pas la dernière. Elle était déterminée et voulait se lancer, mais il lui restait un tout dernier doute.

Lorsque nous arrivons chez moi, je lui demande si elle est

allergique aux chats. Elle me répond que oui. Je prends donc le premier chat et l'enferme dans la salle de bain. Pour le second chat, c'est plus compliqué; il veut absolument la voir et réussit à se coller contre elle une fois ou deux. Lorsque je prononce son nom, ma collègue me demande de le répéter. Puis, elle me demande de préciser si c'est « Croquette » avec une prononciation française ou bel et bien « Crockett », comme je venais de le dire en anglais. Le nom révélé, elle reste figée un moment, puis elle m'avoue être en fait sur les traces de Davy Crockett!

Ne connaissant pas son histoire, je trouve le tout bien cocasse. Elle me confirme ensuite que c'est le signe qu'elle a demandé. Elle devait vivre sa passion à fond et partir à l'aventure.

Je savais que l'Ouest canadien était loin de sa destination finale, mais elle me disait qu'un membre de la famille (qui l'hébergerait) dans cette région possédait des documents importants sur Crockett. Cette collègue n'a été que de passage dans ma vie, elle n'a travaillé que quelques semaines à mon boulot et est partie avec mes boîtes. Ce genre de coïncidence est toujours surprenant. C'est une suite d'évènements improbables qui a été conclue en partie grâce à mon chat.

Les animaux sont souvent là pour nous aider ou pour nous apporter du soutien à certains moments de notre vie. Cela me rappelle ma souris Samus (en référence au personnage des jeux vidéo de science-fiction *Metroid*). Ces petits rongeurs vivent en moyenne deux ans. C'est exactement la durée de ma dépression de l'époque. J'étais dans une phase sombre, pas assez pour être en arrêt de travail ou soignée, mais je n'allais pas bien et je le savais. Lorsque j'ai commencé à aller mieux, ma souris était en fin de vie. J'ai pu surmonter son deuil plus facilement puisque mon humeur était revenue juste avant. Je l'ai remerciée pour tous les sourires et les fous rires qu'elle m'avait offerts. Une si petite créature qui m'a apporté de si grandes joies.

Le travail de l'âme animale dans l'astral

Nous sommes loin de tout savoir de la vie dans l'astral, mais certains points semblent revenir. Il semblerait que l'âme puisse soit vaquer à ses occupations (simplement vivre ou évoluer), soit recevoir ou choisir des missions particulières (des tâches, sinon des emplois).

Les tâches astrales peuvent être très variées :

* effectuer du travail énergétique qui influence le monde physique, sinon le plan astral dans lequel l'âme se trouve;
* devenir une sorte d'ange gardien ou un guide pour son compagnon humain ou encore pour d'autres animaux;
* venir chercher l'âme des défunts, humains ou non.

Donc, si vous ressentez encore la présence de votre animal, mais que les sensations sont très positives, il est possible que l'âme de ce dernier veille sur vous, et non qu'elle soit coincée ici. Vous le saurez si la présence semble aller et venir librement, sans attaches. Dans un tel cas, l'âme de votre animal vient vous visiter de son propre gré et vous n'avez pas à l'aider à passer vers la lumière.

9

Les types de dons

9. Les types de dons

Afin de comprendre comment les dons peuvent agir en complément avec la médiumnité, nous verrons des notions sur le sujet au sens large. Les capacités médiumniques décrites font référence au rôle de médium ou de passeur d'âmes, spécialisé ou non chez les animaux.

Nous avons des traits physiques singuliers ainsi que des personnalités tout à fait uniques. Il en va de même pour nos qualités, nos défauts ainsi que nos talents et nos dons. Notons que personne ne possède un don qui lui est unique et exclusif. Puisque nous avons le potentiel de développer tous les dons, nous devons décider avec lequel nous avons envie de travailler ou lequel nous voulons développer. Certains peuvent être déjà actifs; ils nous sont plus familiers et simples d'utilisation.

Comment développer ses dons

Plusieurs méthodes peuvent être utiles au développement des dons, par exemple :

- la méditation;
- la visualisation;
- le travail avec les quatre éléments (eau, feu, terre, air)
- l'énergie de la nature;
- une reconnexion à soi.

C'est en se connectant au reste de l'Univers, tout en plongeant profondément à l'intérieur de nous, qu'on réussit à retrouver son potentiel initial, qui est l'expression de notre essence pure, c'est-à-dire nous en tant qu'être d'énergie et de lumière.

Les méthodes pour découvrir les dons autant que les techniques ésotériques qui les mettent en action peuvent les réveiller ou nous permettre de mieux les comprendre et de mieux nous en servir. Bien sûr, vous pourriez consulter un médium ou une voyante afin de connaître vos dons, si vous avez des doutes. Toutefois, l'ouverture de votre don demeure un travail d'introspection à faire soi-même, et non en étant guidé par quelqu'un d'autre. C'est à vous d'entrer en contact avec ce dernier et de le mettre en pratique selon vos objectifs personnels.

Un don peut se manifester de façon spontanée, une seule fois et ne plus refaire surface. S'il est apparu un jour, il peut toujours réapparaître. Les dons demandent de la pratique et de l'entrainement. Toute personne qui n'utilise plus ses capacités se sentira « rouillée ». Les messages reçus seront moins clairs, car elle est déconnectée. C'est en pratiquant quotidiennement à nouveau qu'elle retrouvera son plein pouvoir. Ainsi, il est normal que vous ne sentiez presque rien ou ne receviez que quelques images si vous ne pratiquez pas couramment. C'est la même chose pour tous.

Si vous connaissez certains de vos dons, mais ne savez pas comment développer les autres, je vous suggère l'un de mes précédents ouvrages, *101 jours pour découvrir vos dons*, qui pourra vous mettre sur la piste et vous aider à les travailler. Sinon, le livre *101 jours pour développer votre don de voyance* vous donnera des astuces pour tester dans quels domaines votre voyance s'exprime. Si, dans la liste qui suit, vous voyez un don qui pourrait vous servir dans votre rôle de passeur d'âmes, sachez que vous pouvez le développer.

Le travail personnel préalable pour l'utilisation de ses dons

Dans le cadre d'un travail de médium, il faudra d'abord bien se connaître. Par exemple, un médium empathe devra avoir appris à gérer ses émotions et surtout à identifier ses états d'âme, comment et pourquoi il les vit. Cela est très important, car il peut y avoir confusion entre les émotions externes et celles vécues par le médium. Ce dernier ne s'approprie pas les émotions des autres; il ne fait que les canaliser. Il les reçoit comme des données à traiter qui l'informent sur l'entité ou la personne qui les a émises.

On parle d'un travail identique en ce qui concerne les pensées. On doit savoir qui l'on est, à quoi l'on pense et quels sont nos schémas cognitifs, avant même de penser à utiliser le don de clairaudience. Il en va de même pour tous dons qui permettent d'entrer en contact avec l'extérieur. Nous devons nous assurer de connaître, au mieux, notre intérieur, pour ne pas créer de la confusion dans les résultats obtenus ni permettre une influence de la part des entités.

L'empathie

Cette capacité permet de ressentir les émotions d'autrui, qu'elles émanent d'un humain ou d'un animal. Si une personne est joyeuse, en colère ou simplement triste, le don d'empathie nous permet de ressentir cette émotion, même si l'on nous dit le contraire. On arrive à décoder les sentiments sans avoir besoin de mots. Cette même capacité peut servir à un médium, car ce dernier pourra ressentir les émotions de l'entité qui entre en contact avec lui. Ainsi, si un animal est plus calme qu'à l'habitude, on sera apte à ressentir s'il est simplement fatigué ou s'il a mal quelque part.

La majorité des gens qui canalisent des entités divines telles que les anges et les archanges disent ressentir un bien-être tout à fait indescriptible lorsque l'entité entre en contact avec eux. Cet état est indéfinissable, bien que complètement positif, car, l'instant d'avant, la personne se sentait autrement. Cet état se résorbe dès que l'entité appelée quitte les lieux et que tout revient à la normale. Le médium a alors ressenti l'état mental et émotionnel de l'entité divine qui s'est présentée.

Différence entre l'empathie psychologique/émotionnelle et le don d'empathie

La définition du mot « empathie » varie selon les dictionnaires. Antidote nous dit : « 1. PSYCHOLOGIE, PHILOSOPHIE – Capacité de se mettre intuitivement à la place de son prochain, de ressentir la même chose que lui, de s'identifier à lui. 2. Compassion ». Le *Larousse* en ligne, lui, dit : « Faculté intuitive de se mettre à la place d'autrui, de percevoir ce qu'il ressent ».

On est donc capable de se mettre à la place d'autrui, de s'identifier à lui pour percevoir ce qu'il ressent. On peut se voir dans la situation que notre ami vit et comprendre ce qu'il peut ressentir. On perçoit la tristesse ou la joie sur son visage et on partage ses sentiments. Autre exemple : une personne qui pleure en regardant un film n'use pas de don d'empathie. Il s'agit surtout d'une transposition de ses propres émotions personnelles, qui émergent devant le vécu de l'autre. Ce sont souvent des émotions refoulées, non acceptées ou non vécues qui veulent faire surface. Tant qu'elles ne sont pas entendues, elles restent en soi et surgissent dès la prochaine occasion. Un film est une situation préenregistrée et jouée par des acteurs qui simulent des sentiments. Bien qu'ils puissent exceller dans leur métier, il ne s'agit pas de réelles émotions vécues au moment où on les regarde. Il s'agit ici d'appropriation mentale et émotionnelle des émotions sous-entendues par le film visionné. Cela reste du domaine de la psychologie ou de l'émotionnel.

Dans le domaine ésotérique, ce qu'on entend par « don d'empathie » est différent. On parle d'empathie lorsque la personne possédant ce don reçoit les émotions émises par l'autre. Cela fait référence à des énergies dégagées, des ondes qui se forment dans l'astral ou encore des sortes de champs énergétiques qui entourent la personne ou qui sont projetées. L'empathie se vit plus souvent dans des contextes flous, et non définis comme dans un film dramatique. Il n'y a pas toujours de justifications non plus. Le meilleur exemple est celui où tout va très bien, où vous vous sentez de bonne humeur. Soudain, vous vous sentez triste au point de pleurer. Pour mieux comprendre, je vous offre deux exemples récents.

Mon amie s'est inscrite à une méditation sur le passage d'âmes animales. Il y avait plusieurs personnes réunies dans un but positif, mais qui portaient très probablement en elles des émotions de tristesse. Au départ, mon amie était de bonne humeur; tout allait bien. Nous rigolions même ensemble puisque nous nous écrivions en même temps. Au moment où elle a réussi à se connecter aux autres, elle a ressenti une tristesse incroyable, au point qu'elle a pensé à cesser la séance, car elle ne se sentait plus apte à la faire.

La méditation terminée, je lui ai demandé de faire un test : refaire cette même séance, mais chez elle toute seule. Aucune émotion semblable n'est montée. Pourtant, elle était concentrée de la même façon, sur le même sujet : faire passer ses animaux. Nous avons conclu qu'elle avait manifestement reçu de manière empathique les émotions des autres participants.

Dans le second exemple, je me base sur mon vécu personnel. J'ai vécu des états d'âme négatifs subits et incompréhensibles. Je pouvais être de très bonne humeur, en train de manger ou de prendre une douche ou simplement devant l'ordinateur à jouer ou travailler. Soudain… une émotion de tristesse incroyable m'envahissait. N'arrivant pas à identifier le sentiment, j'en ai parlé avec un proche (appelons-le Sam). Avec les détails décrits, Sam m'a confié qu'un second proche (appelons-le Marc) était en dépression et, croyant que je pourrais l'en libérer, Marc pensait souvent à moi. Bref, chaque fois que Marc pleurait à chaudes larmes, il pensait intensément à moi! À n'importe quelle heure du jour ou de la nuit. Nous avons discuté tous ensemble et la situation s'est réglée. Prenez note qu'un inconnu peut difficilement provoquer un tel effet chez vous. Par contre, lorsqu'il s'agit d'un lien familial, les énergies passent plus facilement. Heureusement, il est possible de les bloquer.

Lorsque j'avais mon ancien site web, j'aimais tester certaines notions avec mes visiteurs. Avec l'un deux, nous testions souvent nos émotions à distance. Nous ne pouvions jamais nous mentir, bien que nous ne nous soyons jamais vus. Malgré le fait d'être derrière un écran et derrière des lettres tapées sur un clavier, il nous était impossible de cacher nos états d'âme.

Le don d'empathie est plus rarement basé sur des faits précis, sur des situations ou sur des détails rationnels, alors que l'empathie psychologique/émotionnelle, souvent basée sur une mise en contexte, l'est. Cette dernière est souvent apparentée à de l'hypersensibilité, qui se traite ou s'apaise en consultant des professionnels.

Si, dans votre cas, il s'agit d'un don d'empathie que vous contrôlez difficilement, voici quelques suggestions à appliquer :

➤ Faites une bulle de protection par visualisation. Ajoutez une surface très solide à cette bulle. Voyez que sa surface est incassable, tout en étant transparente. Lorsque des émotions ou informations vous parviennent, voyez-les sur la surface de votre bulle, comme si vous les regardiez sur un écran. Cela permet de créer un détachement de ce qui vient à vous et de percevoir ces informations comme étant de simples données;

➤ Utilisez votre force mentale et psychologique pour comprendre que les sentiments ou sensations reçus ne sont que des signaux projetés. Comprenez qu'un sentiment de tristesse est un message : de déception, d'épuisement, etc. Ce sont des mots non exprimés, des non-dits, etc. La colère est aussi l'expression d'un message et, donc, des données sur une situation vécue. Dites « ces émotions ne n'appartiennent pas » et revenez vers votre état émotionnel normal;

➤ Faites un ancrage supplémentaire sur votre chakra du cœur et voyez un flot descendant vers la Terre-Mère, que ce soit une chute d'eau, l'effet de la gravité (plus l'émotion est lourde, plus elle tombe vers le sol, etc.);

➤ Refermez votre chakra par visualisation, grâce au pendule, avec votre main, avec l'aide de vos anges, etc.;

➤ Visualisez que votre cœur est isolé dans une seconde bulle de protection à lui seul, ou encore dans un cube qui illumine d'une lumière blanche;

➤ Séparez-vous de l'autre en lui faisait également une bulle. Par exemple, il y aura votre bulle et celle de l'animal que vous traitez. Ensuite, créez un lien entre les deux bulles, et non directement entre vous deux;

➤ Demandez l'aide de vos protecteurs afin qu'ils protègent votre cœur.

La sensibilité médiumnique

Il n'y a pas de terme réel ou précis à ce sujet, mais on parle d'une forme de sensibilité aux entités. Ainsi, le médium ne verra pas l'entité en tant que telle; il peut aussi ne pas l'entendre, ni avoir de sensations physiques ou autres. Par contre, il sera capable de dire qu'il y a une entité présente dans la pièce ou sur les lieux. Puis, il pourra la décrire de différentes façons :

- le type d'entité (humain, animal, naturelle[1], autre);
- sa polarité (positive, neutre, négative);
- dans le cas d'une âme errante, ses traits spécifiques (femme, homme, habillement, type d'animal, etc.).

La sensibilité médiumnique permettra également de percevoir les courants d'énergie ambiants, ainsi que les failles énergétiques ou les temples énergétiques. Ces derniers sont des endroits fortement chargés en énergie négative ou positive. Ils peuvent devenir ainsi de manière naturelle ou artificielle. Par exemple, on pourra sentir passer une âme animale; elle court comme l'animal le faisait avant lorsqu'il jouait.

Le médium saura si l'énergie qu'il ressent provient d'une réelle entité ou si elle n'est que de l'énergie résiduelle. Cette dernière consiste en une charge d'énergie qui est restée sur les lieux et qui appartenait à des personnes qui ont habité l'endroit ou qui y sont passées temporairement. Par exemple, des énergies de joie peuvent être restées dans un appartement où un jeune couple a dû déménager à la suite de la venue d'un bébé, qui a causé le besoin d'une plus grande demeure. On se sentira alors apaisé ou enjoué dès le premier pas en ces lieux. Le médium pourra identifier l'endroit préféré d'une âme animale, car il est imprégné d'une énergie positive. Bref, cette capacité permet de ressentir les vibrations ambiantes et de les identifier.

La psychométrie

Ce don permet de voir et de ressentir le passé des objets, sinon des lieux. C'est en touchant un objet et en se concentrant sur ce dernier que le médium recevra des informations sur son histoire. Il pourra d'abord ressentir les émotions qui y sont liées (p. ex., à quel point il est précieux pour son propriétaire), puis comment il a été obtenu et toutes les scènes auxquelles l'objet a participé. Par exemple, le médium pourra toucher la balle ou la laisse d'un animal et voir des parcelles de sa vie. Les scènes reçues concerneront surtout l'objet, donc il s'agit d'un tri très spécifique du passé qui y est enregistré. Par contre, les moments où la personne ou l'animal ont très fortement pensé à l'objet en question, sans y toucher, peuvent aussi ressurgir.

Un médium pourra également entrer sur des lieux et y voir les gens qui y ont vécu et des scènes de leur vie passée. Par exemple, on pourra voir qu'un appartement en ville était, dans une lointaine époque, une boutique de cordonnier et qu'il était régulièrement visité. On pourra aussi voir la fermeture de l'endroit et pourquoi il a fermé. On parle donc de la « mémoire des murs » ou d'autres objets laissés sur place, mais ce sont souvent ces premiers qui seront encore intacts et qui possèdent la charge psychométrique la plus forte.

La clairaudience

Cette capacité permet d'entendre les sons qui proviennent de l'au-delà. On parle ici autant de bruits, de sons d'objets astraux en mouvement que du discours d'une entité. On pourrait entendre la clochette du collier d'un animal décédé ou encore le bruit de ses griffes sur le sol.

Généralement, les médiums qui n'utilisent pas consciemment leur don ou encore les gens qui sont télépathes peuvent entendre des voix ou des sons au moment de l'endormissement, donc juste avant de tomber dans le sommeil. C'est à cet instant où l'esprit est entre deux mondes (éveil/sommeil) que l'apprenti médium perçoit ces sonorités.

Le médium expérimenté qui est conscient de cette capacité s'en servira à l'état d'éveil pour communiquer avec les entités. Il pourra réellement entendre des sons qui auront une place importante dans l'histoire de ces dernières. Sinon, il pourra entendre directement les mots qu'on souhaite lui transmettre. Il pourra avoir l'impression qu'une seconde voix s'impose dans sa tête ou encore que ses propres pensées lui semblent différentes et non contrôlées. C'est avec le temps et l'entrainement qu'il sera capable de tracer une ligne claire qui sépare ses pensées personnelles de celles qui lui viennent de l'extérieur.

La clairvoyance

Ce don permet à un médium de voir de deux façons différentes. La première sera de percevoir les esprits, que ce soit des ombres ou des lumières qui passent rapidement, des formes humaines ou animales discernées dans l'obscurité ou encore une entité observée directement et clairement devant nous. Notez bien que cette faculté est contrôlable : vous n'avez pas à voir une entité sous forme physique si vous ne le souhaitez pas. Dites simplement que vous ne souhaitez pas voir et vous ne verrez pas.

La seconde façon d'utiliser ce don sera pendant la séance de communication avec l'entité. On verra des images sur ce qu'elle souhaite nous raconter. Ces dernières seront des flashs (courtes images rapides) ou des visions (plus détaillées). Dans le cas d'un animal, on pourra voir un objet, une scène ou encore des indices qui nous offriront des indications précises. Par exemple, certains communicateurs animaliers peuvent voir le lieu dont leur parle un animal en visualisant le paysage dans leur esprit. Une personne qui débute avec ce don pourra surtout recevoir des clichés simples, sinon avoir une intuition sur le décor.

Le clairtoucher et la clairolfaction

On parle ici d'un médium qui aura des sensations physiques lors d'un contact avec une entité. Ces sensations ne seront pas nécessairement un toucher sur la peau. Il peut s'agir d'une sensation de froid ou de chaleur dans la pièce, sinon de coups de vent subits. Parfois, il s'agit simplement d'un effleurement de la main, d'un bras ou du dos; une sensation très légère. On peut aussi avoir des frissons ou des malaises quelconques si l'entité est négative. Un animal pourrait frotter son museau contre notre bras ou un chat pourrait se frotter sur nos jambes. Il le fera si vous êtes à l'aise à recevoir ces sensations.

Avec le don de clairolfaction, il est possible de sentir une odeur dans la pièce, par exemple la cigarette, si le défunt était un fumeur. Ainsi, il est possible de sentir le parfum préféré d'une entité avant qu'elle commence la communication avec vous. C'est sa signature. Pour les âmes animales, on peut percevoir une odeur de chien mouillé, de nourriture en conserve, bref toute odeur reliée à votre cohabitation avec votre animal.

La canalisation

Certains médiums se spécialisent dans la canalisation d'entités divines (p. ex., archanges, anges) ou d'entités ayant été humaines mais désormais très évoluées spirituellement (p. ex., maîtres ascensionnés). Ils canalisent ces entités afin de recevoir des messages qui peuvent bénéficier à l'humanité. Ces communications sont reçues de façon directe, c'est-à-dire que le médium parle comme si l'entité passait directement à travers lui. On se rendra compte que le ton, les mots et la manière de s'exprimer du médium ont changé et qu'on entend une autre entité. Souvent, le médium ne se souvient pas de ce qu'il a dit. Certains pourront également faire de l'écriture automatique et écrire différemment par l'entremise de l'entité, dans un état autohypnotique. D'autres, plus dédiés à leur don de guérison et aux soins qu'ils offrent, canaliseront des entités divines ou supérieures qui les feront profiter de leur énergie de guérison et qui augmenteront la force de leur don lors de soins.

La canalisation spontanée et inspirée

Certains médiums canalisent de façon tout à fait inconsciente et reçoivent ainsi leur inspiration de l'au-delà sans même s'en rendre compte. On parle de médiums artistes, qui sont des auteurs, des musiciens, des peintres, des artisans, etc. Certains auteurs se mettent à écrire spontanément et ne se souviennent plus de leurs propos après avoir rédigé le texte. En le relisant, ils se rendent compte que ce dernier est excellent et n'aurait pu être mieux écrit. On pense également aux personnes qui lancent spontanément des phrases philosophiques profondes et justes à point, quand on en a besoin. Ce sont des sortes de transmetteurs de messages divins qui nous aident à évoluer ou à nous sortir d'une impasse.

Cette forme de canalisation est celle que je pratique le plus. J'ai toujours eu une inspiration soudaine et continue lorsque je rédige mes livres. Je n'ai jamais eu le syndrome de la page blanche. Les mots se placent tous seuls et je n'ai qu'à me concentrer sur les idées qui me viennent spontanément en tête. Je reçois une dose d'énergie durant ces phases puisque j'en ressors toujours plus énergisée que vidée. Ce qui est parfois étonnant, vu l'effort nécessaire pour rédiger autant de texte en si peu de temps.

On pensera aussi à des scientifiques, à des médecins, à des inventeurs ou à d'autres spécialistes de domaines très pointus et très rationnels qui ont réussi à sortir des théories de nulle part et qui ont révolutionné le monde. Bien sûr, ils peuvent y avoir pensé par eux-mêmes ou le hasard peut avoir joué son rôle, mais on peut aussi se pencher sur la capacité inconsciente de cette personne de capter les messages et idées de l'au-delà puisque son esprit rationnel la refuserait catégoriquement.

92

[1] Je réfère ici aux entités de la nature, qui varient en fonction des croyances de chacun, par exemple : les fées, les ondines, les gnomes, les dryades, etc. Elles sont souvent associées aux quatre éléments.

10

Le contact angélique

10. Le contact angélique

À plusieurs endroits dans ce livre, je vous parle d'entrer en contact avec les anges gardiens de votre animal, que ce soit pour demander de l'aide, servir d'intermédiaire, vous assister dans un passage d'âme, sinon pour d'autres requêtes variées qui se transmettent bien par de simples prières. Sans faire une liste exhaustive, il existe trois principales hypothèses sur l'identité de ces gardiens.

❧ Première hypothèse : sous la garde des anges

La première dit que les animaux ont des gardiens semblables à ceux des humains, c'est-à-dire qu'ils sont assistés par des anges, donc des créatures divines ou des entités d'une énergie vibratoire très haute.

❖ *Deuxième hypothèse : sans gardiens, ils puisent à la Source*

La deuxième dit que les animaux ne sont pas gardés individuellement puisqu'ils sont déjà connectés aux énergies de la Terre et à celles du reste de l'Univers. Ils seraient, de façon naturelle, déjà dans une énergie bienveillante. En utilisant leur instinct, ils iraient eux-mêmes puiser dans cette source.

❖ *Troisième hypothèse : sous la garde des fées*

La troisième hypothèse dit qu'au lieu d'avoir des anges, les animaux sont plutôt sous la garde des fées. Plus petites et plus liées aux énergies naturelles, elles seraient plus aptes à guider les animaux et vibreraient sur le même taux vibratoire qu'eux (ou légèrement plus haut).

Pour ma part, je me contente de m'adresser aux anges gardiens qui veillent sur mes animaux. Que ces derniers soient des anges, des êtres défunts humains qui les ont connus et les ont aimés, des âmes animales bienveillantes ou toute autre entité qui souhaitent aider mes protégés, leur identité ne change rien pour moi, car le contact est bon et ils m'apportent l'aide requise.

La communication angélique pour les animaux est très simple. Elle fait référence à un être divin qui intervient en faveur de l'animal en question :

❖ un ange gardien;
❖ un ange ou un archange;

❖ un guide;

❖ une créature divine, céleste ou naturelle;

❖ un passeur d'âmes astrales ayant une forme ressemblant à l'animal que vous aidez;

❖ des dieux et déesses de différentes mythologies, tels Bastet (traits félins) et Anubis (traits canins);

❖ la Terre-Mère; ou

❖ la Source divine.

Il s'agira donc simplement de l'entité qui veille sur l'animal que vous souhaitez faire passer, avec qui vous voulez communiquer ou que vous souhaitez aider de manière générale. Vous n'avez donc pas à posséder certaines croyances spécifiques sur les anges; vous devez simplement bien visualiser ce protecteur dans votre esprit ou votre cœur.

Nous utiliserons toujours le terme « ange gardien » pour désigner toute entité positive qui veille sur l'animal, quelle qu'elle soit :

❖ un guide, qui est là principalement pour conseiller l'être sur lequel il veille;

❖ un protecteur, qui prévient les dangers; ou

❖ une entité bienveillante, qui souhaite son bonheur de manière générale.

Nous ne nous attarderons pas sur les actions de cette entité, mais simplement sur son rôle d'ange gardien en général.

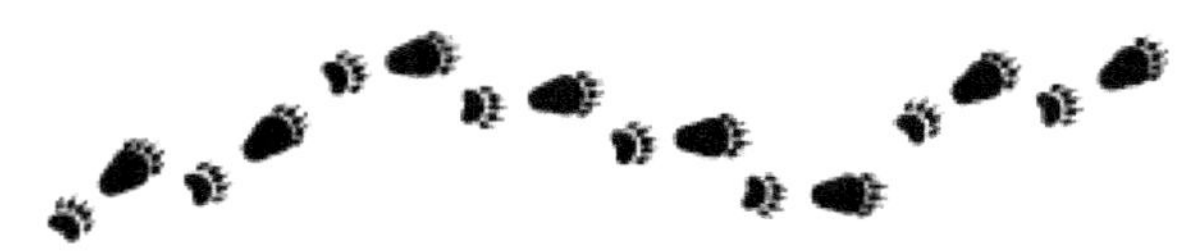

Les archanges

Pour vous donner un coup de main, dans le cas où vous ne sauriez pas qui contacter ou dans le cas où vous auriez de la difficulté à bien visualiser le ou les anges gardiens de l'animal, je vous suggère des archanges que vous pouvez interpeler.

Ariel

Liée à la nature, mais aussi aux animaux, Ariel aide la nature à guérir et travaille à la préserver. On parle donc des cycles naturels, des plantes et des arbres, des animaux de la mer, de la terre ou de l'air. Tous ceux qui se soucient de l'avenir de notre planète peuvent faire appel à elle pour avoir du soutien et des conseils. Étant la gardienne des animaux, elle vous assistera volontiers dans vos passages d'âmes ou dans tout ce qui les concerne en général. On la contactera plus facilement en nature ou par l'entremise d'objets naturels.

Jérémiel

Cet archange est l'atout parfait lorsqu'une âme n'arrive pas à réaliser qu'elle est morte, car c'est lui qui nous fait revoir le film de notre vie une fois que nous quittons notre corps physique. Ce film instantané, vécu comme un flash en accéléré, est probablement une métaphore; l'idée est que nous prenons conscience de façon instantanée que notre vie est terminée et nous nous remémorons ce que nous avons vécu (de bon et de mal), avant de passer à autre chose. Ce « film » n'a pas un début ni un fin; il n'est pas linéaire. C'est un peu comme si nous posions notre main sur la couverture d'un livre et que nous absorbions tout son contenu en un court moment, par ce simple geste. Ces images n'ont pas non plus comme objectif de nous tirer une larme ou de provoquer une quelconque émotion. Elles cherchent plutôt à nous faire assimiler et revoir notre vie terrestre en un coup d'oeil.

Azraël

Il est l'archange de la mort, celui qui vient chercher les âmes. Il s'agit d'un processus naturel et automatique. Je ne fais donc pas appel à lui de manière générale; je le laisse faire son travail.

Je suis plutôt tentée de faire appel aux trois archanges suivants, selon les besoins :

Michaël

Si l'âme a besoin d'être libérée d'une emprise ou d'une énergie négative, Michaël excelle dans les purifications et protections. Il chasse ce qui nuit et détruit les liens nocifs.

Raphaël

Si l'âme est malade ou a besoin d'être apaisée et soignée, Raphaël est un grand guérisseur. Il pourra aider à soulager l'âme en souffrance.

Gabriel

Si vous désirez avoir un coup de pouce pour communiquer avec l'âme, Gabriel excelle dans tout ce qui concerne la communication et les échanges. C'est aussi un guide qui peut vous offrir l'inspiration. Dans le doute, il saura vous guider.

11

La méthode de passage d'âme selon le type d'animal

11. *La méthode de passage d'âme selon le type d'animal*

Ce que nous verrons d'abord dans les deux prochains chapitres s'apparente plus à un accompagnement à passer qu'à un véritable passage d'âme. Ce seront des hommages, des au revoir, sinon des rites de passage qui déterminent qu'une nouvelle étape a été franchie.

Premièrement, nous parlerons d'un accompagnement pour votre **animal de compagnie** (voir chapitre 12). Il s'agira simplement d'utiliser le pouvoir de votre amour pour lui montrer le chemin. Un animal de compagnie peut très bien être un animal typique qu'on garde à la maison, soit un chien ou un chat, soit des rongeurs ou des oiseaux. Par contre, si l'on s'occupe d'un cochon, d'une poule ou de tout autre animal considéré « de ferme », il s'agit aussi de notre animal de compagnie. Si l'on a récupéré un animal sauvage qui ne peut plus vivre en nature, il sera également notre animal de compagnie, même s'il s'agit d'un écureuil ou d'un renard.

Deuxièmement, nous parlerons de ce que vous pouvez faire dans le cas d'un animal qui faisait partie de votre entourage, de préférence un animal que vous aimiez bien, et vice versa (voir chapitre 13). Cet accompagnement demandera un peu plus de préparation et de concentration, mais restera relativement simple. Lorsqu'on parle d'un **animal qu'on a côtoyé**, il peut facilement s'agir d'un écureuil ou d'un oiseau qui venait sur notre balcon. Toutefois, il peut aussi s'agir d'un chat errant, de poules ou de moutons vivant chez un ami. Ce sont des animaux qu'on aime, mais qu'on ne voit que de temps à autre.

La technique du passage d'âmes la plus élaborée concerne tout **animal qui a souffert ou qui est mort dans des conditions non naturelles** (voir chapitres 14 et 15). Elle peut donc concerner des animaux dits de ferme, sinon de zoo ou de cirque, mais également des chiens qui auraient été maltraités chez un éleveur. Lorsque nous sommes extérieurs à la situation, nous devons prendre des précautions avant d'agir. Il nous faut voir des méthodes efficaces et ce qu'il est nécessaire de faire pour obtenir des séances agréables et concluantes. Ces passages concernent les animaux provenant de tous types de lieux : lieux hantés, endroits où beaucoup d'animaux ont souffert (abattoirs, laboratoires, etc.), refuges, animaleries, autoroutes, etc.

Vous devez donc choisir la méthode de passage non seulement selon le type d'animal lui-même, mais aussi selon le contexte dans lequel l'animal a vécu ou est mort.

Poursuivons maintenant avec l'accompagnement pour votre animal de compagnie.

12

Le passage d'âme d'un animal de compagnie

12. Le passage d'âme d'un animal de compagnie

Avant la séance

Évitez les médias aux nouvelles négatives, les films ou les jeux violents, une alimentation trop riche ou en trop grande quantité, la sédentarité ou l'isolement; bref, tout ce qui ne vous fait pas sentir pleinement heureux. Évitez donc tout ce qui vous déconnecte de votre moi intérieur, de votre source.

Augmenter le taux vibratoire

Notre corps ainsi que tous les objets qui nous entourent ont une vibration propre dans l'énergie. Lorsque nous avons des pensées positives, nos énergies sont légères. Elles vibrent donc « plus haut » et sont en accord avec les énergies divines ou angéliques. Elles s'accordent au même niveau que la lumière. Par contre, lorsque nos pensées sont négatives, nos énergies deviennent sombres et lourdes. Elles vibrent dans un niveau beaucoup plus bas. Elles rejoignent difficilement les énergies divines puisqu'elles s'en trouvent éloignées.

La première étape, avant toutes les autres, est d'élever le taux vibratoire de l'endroit où vous êtes ainsi que votre taux vibratoire personnel. Vous devez vibrer le plus positivement possible afin d'entrer en communication avec les êtres divins, ce qui vous permettra de demander leur aide. Vous serez aussi plus apte à ouvrir des portails lumineux ou simplement à faire passer l'âme vers la lumière.

Ma toute première suggestion est de faire votre séance lorsque votre deuil n'est pas tout frais. Si votre animal vient tout juste de mourir, il vous sera probablement difficile de vous connecter avec des énergies positives et d'avoir le moral. Lorsque votre peine sera plus légère, que vous aurez pris le temps de vous libérer et sentirez que vous êtes prêt, le moment sera le bon. Voici quelques suggestions pour rehausser le taux vibratoire :

- *Faites jouer une musique agréable*
  Choisissez une mélodie ou des chansons que votre animal aimait entendre, sinon qu'il entendait souvent à la maison, car vous les faisiez jouer en sa présence. Cela créera automatiquement une connexion puisqu'il y a un souvenir relié. Si votre deuil est trop récent, choisissez plutôt des mélodies qui vous font sentir bien, qui vous redonnent le sourire. Laissez cette musique emplir la pièce et vous couvrir de ses notes positives.

✥ *Créez une ambiance tamisée et reposante*
Utilisez la lumière pour créer une ambiance de calme, qui sera à la fois réconfortante et reposante. Imaginez que vous éloignez tout stress ou toute pensée inutile grâce à cette sérénité. Vous revenez à l'essence même de votre être et votre tête est en paix.

✥ *Parfumez la pièce*
Utilisez des huiles essentielles, de l'encens ou tout autre parfum d'ambiance afin de créer un moment particulier. Si, en la présence de votre animal, vous faisiez brûler des chandelles parfumées, c'est le temps d'en allumer une et de profiter de son parfum.

✥ *Méditez sur des scènes positives et rigolotes*
Visualisez des moments précieux que vous avez vécus avec votre animal. Tous les moments où il vous a fait rire aux éclats, ces instants partagés qui vous rendaient si heureux. Revivez ces rires et ancrez en vous ce bien-être qu'il a partagé avec vous. Ne pensez pas que tout cela est terminé. Ces scènes existent en vous à jamais. C'est un cadeau éternel qui vous est toujours accessible.

✥ *Utilisez des outils ésotériques ou spirituels*
Vous pouvez ajouter à votre séance, dans la pièce ou sur vous-même, des objets qui vous inspirent des énergies supérieures :
- des objets à connotation religieuse ou spirituelle;
- des symboles (Reiki, chakras, mandalas, etc.);
- des pierres semi-précieuses à vertus purificatrices, telles que l'améthyste, le cristal de roche ou le quartz transparent. En plus d'être

un purificateur, le quartz rose nettoie le cœur et les sentiments.

🕊 *Parsemez la pièce d'accessoires créant un taux vibratoire élevé*
Les plantes et les lampes de sel nettoient votre environnement et peuvent purifier les énergies présentes. Une fontaine d'eau d'intérieur ajoute aussi une touche reposante. N'hésitez pas à en avoir dans la pièce où vous faites vos séances.

🕊 *Privilégiez une décoration positive et inspirante*
Il ne doit y avoir dans votre environnement que des objets qui vous sont positifs, sinon neutres. Tout ce qui vous rappelle des mauvais souvenirs ou qui vous fait penser à des situations négatives (cadeau d'une personne que vous n'aimez pas ou cadeau que vous n'aimez pas en lui-même) doit être retiré de l'endroit où vous faites vos séances. Le lieu doit vous plaire entièrement pour que le taux vibratoire soit élevé. Si vous avez des notions de feng shui, appliquez-les.

🕊 *Ajoutez des éléments naturels*
Vous pouvez placer sur une table ou sur votre autel des feuilles ou des fleurs, un morceau d'écorce provenant de l'endroit où vous alliez le plus souvent avec votre animal, un petit contenant rempli d'eau de source pure, etc. Ces éléments dégagent de façon naturelle une énergie bienfaisante, énergisante et régénératrice. Pensez à quel point vous vous sentez bien lorsque vous faites une promenade en forêt. Ces petits éléments peuvent vous apporter ce même effet.

🕊 *Utilisez vos talents*
Que ce soit pour chanter, danser ou pratiquer des arts créatifs, laissez-vous aller! Avant la séance,

pendant ou après, faites ce qui vous vient, comme vous le sentez.

Différentes méthodes d'accompagnement

Les méthodes proposées font toutes appel à l'amour que vous aviez pour votre animal et que vous portez toujours en vous. Ce sentiment sera votre principal outil. Puisque chaque personne est unique et qu'elle a des croyances et des préférences différentes, je vous propose plusieurs méthodes. Il n'y aura pas d'ordre particulier pour les faire, ni de choix spécifique : vous êtes tout à fait libre à ce sujet. Vous pouvez faire une seule méthode, sinon en faire trois, ou encore les combiner à votre façon pour créer votre méthode personnalisée. Laissez-vous inspirer et soyez à l'aise dans ce que vous faites!

L'expression de ses sentiments

Que ce soit par l'écriture d'une lettre d'au revoir, par une prière sincère ou encore par l'expression à voix haute ou dans votre tête de vos sentiments envers votre animal, vous avez la possibilité de lui dire tout ce que vous auriez aimé lui dire avant qu'il ne parte. Ainsi, faites-lui part des belles pensées que vous avez envers lui. Remerciez-le pour le temps qu'il a passé à vos côtés, pour les moments précieux qu'il a partagés avec vous. Dites-lui à quel point vous l'avez aimé et de quelle façon votre vie a été enrichie par sa présence. Montrez-lui que le temps passé ensemble était un véritable cadeau et remerciez-le pour ce présent.

Prenez le temps de vous remémorer des souvenirs agréables, des moments cocasses, toutes ces fois où vous avez eu des fous rires. Revoyez ces scènes qui font chaud au cœur, ces anecdotes qui ont tissé des liens entre vous et lui. Profitez de ces images et des sentiments qu'elles vous apportent. Plongez dans ces émotions d'amour, de partage et de bien-être. Puis, envoyez toutes ces belles sensations à votre animal en lui disant à quel point vous lui êtes reconnaissant.

Prenez le temps de lui envoyer tous les messages qui sont importants pour vous. Notez ou mentionnez les points qui feront une différence dans son élévation. Énoncez tout ce que vous dites avec votre cœur et voyez ces belles pensées devenir lumière. Offrez-les à votre animal et voyez-le ensuite devenir de plus en plus lumineux et enveloppé par cet amalgame de lumière.

❖ *Un hommage avec autel*

N'hésitez pas à faire appel à vos croyances actuelles afin de créer un au revoir sincère et personnalisé. Vous pouvez le faire à n'importe quel moment, significatif ou non, par exemple le jour de l'anniversaire ou du départ de votre animal.

Rappelez-vous alors la belle vie que vous avez passée avec lui. Faites des prières ou interagissez avec les anges gardiens de votre animal. Vous pouvez prier simplement dans le calme, sinon utiliser des éléments de la nature dans un rituel ou offrir une journée à votre animal. Durant ce jour, vous ferez une activité qu'il aimait particulièrement :

marcher en forêt, se reposer devant le foyer, faire un tour en voiture, etc. Vous penserez fortement à lui, tout en profitant des émotions positives de l'activité. Il le ressentira et cela constituera la symbolique d'un dernier partage empli d'amour.

Une petite table contenant une photo, des jouets et autres objets ayant appartenu à l'animal peut servir d'autel. Ce dernier sert à rassembler des éléments souvenirs et à lui signifier l'importance qu'il avait pour vous. Vous pouvez y déposer sa photo ou une photo où vous étiez avec lui, sinon un collage inspiré de lui. Des chandelles brûleront en son honneur, sur lesquelles vous aurez gravé son nom, des symboles positifs ou que vous laisserez intactes. Des éléments de la nature seront présents; ses préférés s'il en avait. On dépose aussi des objets lui ayant appartenu, comme des accessoires ou vêtements. Ce que vous ferez sera vu par votre animal et il sera honoré de vos attentions.

Vous pouvez combiner la lettre avec l'autel en la déposant sur ce dernier. C'est à cet endroit que vous pouvez aussi faire votre prière ou votre méditation. Si vous ressentez le besoin d'avoir un lien physique réel et direct pour entrer en communication avec lui, ce sont ces objets qui feront le pont entre vous et lui.

Lorsque vous sentirez que le moment est venu, que vous êtes prêt à le laisser aller, vous pourrez défaire l'autel. Ça peut donc être une question d'heures, de jours, de semaines, de mois, etc. L'important, c'est que vous sentiez en vous les sentiments d'accomplissement, d'apaisement. On y fait brûler complètement les chandelles restantes, puis on jette, donne ou recycle les objets selon leur état. C'est une façon de faire son deuil et de le signifier à l'âme.

Elle voit qu'on a créé un endroit pour elle et réalise qu'elle est de l'autre côté et que vous vous préparez à son départ définitif dans la lumière. C'est un signal pour elle de passer, donc de ne pas attendre ou errer. Les rites mortuaires ont toujours été un guide en ce sens.

Concernant la conservation d'objets ayant appartenu à l'animal, elle ne risque pas de retenir l'âme animale et de l'empêcher de s'élever. Les objets conservent une trace énergétique de leur propriétaire (ce qu'on lit lors d'une lecture psychométrique), mais, chez les animaux, il est peu commun que le fait de les conserver puisse nuire à l'élévation de l'âme.

❖ La méditation et la visualisation

Vous pouvez méditer sur l'amour que vous aviez pour votre animal et, durant la séance, lui faire parvenir ces sentiments. D'une respiration à l'autre, vous inspirez le Divin, puis vous expirez votre force divine vers l'âme de votre animal. Voyez sa lumière grandir chaque fois. Poursuivez cette méditation jusqu'à ce que vous sentiez avoir atteint un seuil où son âme est lumineuse. Puis, demandez aux anges gardiens de votre animal de l'accompagner vers un monde meilleur.

Cette méditation peut se faire seule ou être suivie d'une visualisation. Dans votre esprit, visualisez un lieu agréable pour votre animal ainsi que pour vous. Voyez que vous attendez qu'il vous rejoigne. Lorsqu'il sera présent, faites-lui part de tous vos messages et de vos bonnes pensées, puis terminez en le voyant s'élever dans la lumière.

Dans tous les cas

Peu importe la méthode que vous sélectionnez, deux points restent majeurs lorsque vous contacterez l'âme de votre animal avant son passage vers le monde astral.

La rassurer

Dites-lui que vous l'accueillez sous sa nouvelle forme et que vous l'aimez tout autant. Rassurez-la sur votre amour et sur votre lien éternel. Rappelez-lui qu'elle est un être de lumière et qu'elle peut désormais rejoindre les siens, c'est-à-dire les autres animaux ou personnes avec qui elle a vécu, sinon des entités semblables (autres animaux dans l'astral ayant vécu la même expérience). En attendant, elle patiente avant que vous ne la rejoigniez là-bas.

Lui donner votre permission

Certains animaux nous aiment tellement qu'ils ne veulent pas nous déplaire ou agir contre notre volonté. D'autres veulent absolument continuer à nous aider ou à contribuer à notre bonheur. Il faut donner à l'âme de votre animal votre permission de partir, lui dire que vous souhaitez le meilleur pour elle; que c'est ce qui l'attend de l'autre côté, dans la lumière. Soyez clair et dites qu'elle peut et doit partir, pour son propre bien, et que cela vous importe beaucoup. Elle sera plus apte à lâcher prise et à aller de l'avant, si elle hésitait sur le fait de rester.

13

Le passage d'âme d'un animal hors de votre demeure

13. Le passage d'âme d'un animal hors de votre demeure

Voyons maintenant les notions nécessaires à un passage d'âme pour accompagner un animal de compagnie qu'on connaissait ou un animal hors de notre demeure qu'on a côtoyé un moment. On peut penser à l'animal d'un ami ou d'une amie qu'on visite régulièrement, sinon à un animal qui nous visitait de temps à autre sur notre balcon : un chat, un écureuil, un oiseau.

Les étapes seront plus nombreuses que pour le passage d'âme d'un animal lié à nous, mais elles restent tout de même simples et accessibles. Vous utiliserez toujours le pouvoir de votre amour et votre capacité à transmettre de la lumière. Vos dons peuvent être utiles ici, même s'ils ne sont pas nécessaires. Vous pourrez faire passer l'âme, même si vous n'avez pas beaucoup de ressenti puisqu'il s'agit d'un passage relativement simple.

Le passage d'âme pour un ami animal

La toute première étape est énoncée au chapitre précédent : il faut prendre le temps de rehausser votre niveau vibratoire. Utilisez la méthode qui vous plaît le plus ou selon les circonstances, que vous soyez à l'intérieur ou à l'extérieur. Utilisez ensuite les étapes 1, 2 et 3 du chapitre suivant, c'est-à-dire : se purifier, s'ancrer et se protéger. Ce sont des étapes de base qui sont nécessaires dans la majorité des pratiques ésotériques.

Vous appellerez maintenant vos guides, vos anges gardiens ou autres entités protectrices qui pourront vous accompagner dans votre démarche. Demandez-leur l'autorisation d'aider cette âme. Ils pourront également la nettoyer et la purifier durant le processus afin que cette dernière puisse s'élever plus facilement. Énoncez clairement vos intentions dans le contexte : *Je souhaite faire passer l'âme de « un tel animal » dans la lumière afin qu'elle quitte la Terre, soit libérée et puisse rejoindre la Source divine.* Construisez la phrase dans vos propres mots.

Faites appel à l'ange gardien de l'animal. Prenez plusieurs respirations profondes et concentrez-vous sur des pensées d'amour et de bien-être. Laissez cette énergie bienfaisante vous emplir complètement et ressentez en vous cet amour. Continuez de penser à des choses agréables et, d'une respiration à l'autre, gonflez-vous d'amour et de lumière. Reprenez contact avec votre lumière intérieure, votre moi véritable qui est la source d'un amour sans limites et divin. Laissez-la grandir en vous et prendre de plus en plus de place. Visualisez que vous illuminez et que cette lumière remplit votre bulle de protection. Grâce à votre ancrage, vous visualisez que la lumière de la Source divine vous rejoint en votre centre pour solidifier et amplifier le tout.

Une fois que vous sentez cette lumière émaner de vous, concentrez-vous sur l'âme à aider. Dirigez vos pensées sur elle, projetez votre amour et votre lumière sur cette dernière. Rassurez-la, parlez-lui, acceptez-la, aimez-la. Visualisez que votre force divine entoure cette âme avec douceur et bienveillance, qu'elle l'accueille chaleureusement, tout en l'enveloppant. Votre énergie forme plus qu'un câlin astral; elle devient un apaisement, des sentiments de paix et de sérénité, ainsi qu'une lumière qui éveille à l'amour divin.

Remerciez l'âme de son passage sur Terre, de tout ce qu'elle a pu apporter aux gens qui ont vécu avec elle, mais aussi ce qu'elle a pu apporter au Tout, à cet ensemble d'énergie qui forme notre monde. Faites les remerciements spécifiques de la personne pour qui vous faites le passage d'âme, le cas échéant, ainsi que les vôtres. Rassurez-la et donnez-lui la permission de partir. Conservez toujours un discours de compassion détaché de tout jugement et offrez-lui vos bonnes intentions sans condition. Dites-lui également que son compagnon humain lui donne la permission de partir et souhaite qu'elle poursuive son cheminement dans l'au-delà, dans la lumière.

Invitez-la à passer de l'autre côté, à s'élever, à se fondre avec la lumière. Utilisez les termes qui vous sont les plus appropriés. Demandez l'assistance de vos anges et des siens pour lui faciliter le passage et pour lui retirer les blocages qui pourraient l'empêcher de s'élever. Ils pourront nettoyer ses énergies pour la libérer.

Des âmes animales ou angéliques risquent de venir donner un coup de main. Elles accompagneront l'âme pour qu'elle ne se sente pas seule et pour qu'elle trouve facilement son chemin. Il est possible que les âmes animales qui l'ont côtoyée puissent venir la chercher. N'hésitez pas à faire appel aux animaux qui ont partagé sa vie en les appelant par leur nom.

Si jamais vos dons ne sont pas éveillés et que vous ne percevez rien de particulier, continuez de vous concentrer sur le processus, faites vos respirations d'amour et de lumière, puis projetez-les. En visualisant l'animal entouré de paix et d'amour, le processus s'enclenche, que vous en soyez conscient ou non. Simplement le faire peut éventuellement débloquer vos dons ou vous apporter des sensations modérées, sinon de courtes visions.

Vous pourrez sentir que l'âme est montée par des sentiments d'allègement, de légèreté. Si votre clairvoyance est ouverte, vous pourrez voir l'âme dans l'astral qui progresse vers la lumière. Vous pouvez entendre un remerciement si votre clairaudience est active. Règle générale, on ressent un apaisement lorsque la séance est terminée. C'est ce sentiment qui nous signifie que le passage s'est bien déroulé et qu'il est définitif.

Terminer la séance

Les dernières étapes sont toutes simples. Il s'agit de faire parvenir une dernière fois vos bonnes pensées vers l'âme et de remercier les entités qui vous ont assisté pour leur aide. Une fois que votre gratitude et votre amour ont été partagés avec ces entités, vous vous détachez de l'âme et des guides pour revenir vers vous. Visualisez les liens qui ont pu exister entre vous et l'âme se dissoudre. Puis, voyez tous les liens énergétiques, quels qu'ils soient, se défaire également. Vous redevenez vous, seul dans votre bulle de protection.

Je vous suggère de vous purifier à nouveau, puis de refaire votre ancrage et votre protection, au besoin. En tout dernier lieu, il peut être utile de rehausser le taux vibratoire de votre maison (voir chapitre 12), sinon de l'ami pour qui vous avez fait le passage d'âme animale, afin de l'aider à se libérer également.

14

La préparation du passeur d'âmes

14. La préparation du passeur d'âmes

Nous allons voir tout ce qui concerne les étapes préparatoires au passage d'âmes animales. Cette fois, nous ne sommes plus dans des méthodes où le simple usage de notre amour envers notre animal est le seul outil nécessaire. Nous allons voir des prérequis plus complexes (quoique faciles d'utilisation) qui doivent être mis en place avant un passage.

Comme nous l'avons vu en introduction, en tant que passeur d'âmes, nous devons maintenir une hygiène de vie positive et, surtout, une bonne hygiène énergétique. Nous travaillons avec la lumière; il est donc d'une logique toute simple de cultiver cettedite lumière afin d'avoir plus d'effet lorsque nous travaillons. Ce mode de vie est basé sur le fait d'avoir des pensées positives, d'éviter les jugements, de lâcher prise et de choisir ses combats. Or, on doit aussi utiliser des méthodes pour purifier et protéger nos énergies.

Comme je le dis parfois, lorsque nous travaillons en guérison énergétique ou encore en tant que passeur d'âmes, les gens concernés par nos soins ne sont pas dans la lumière ou la joie. Nous sommes comme des médecins : nous devons travailler avec la maladie si nous voulons la soigner. Ainsi, il est normal de se purifier avant une séance (comme un médecin se désinfecterait les mains) et de se purifier à nouveau après la séance (comme le médecin se nettoie à nouveau après l'examen). Ce sont des méthodes simples et efficaces qui doivent être faites dans un certain ordre. Je vous les propose. Vous pourrez bien sûr les adapter selon votre intuition ou vos capacités.

Notez bien ceci : lors de vos premiers essais, ces étapes peuvent vous sembler longues et fastidieuses. Toutefois, avec le temps, ce qui vous prenait 30 minutes pourra en prendre 5. Le temps n'est pas important; c'est la maîtrise de la méthode qui l'est. Si vous prenez le temps de vous appliquer et procédez doucement et rigoureusement sur chaque point, votre pratique n'en sera que meilleure. Vous obtiendrez des résultats supérieurs et serez plus efficace. Il vaut la peine de les mettre en pratique et, surtout, de vous entrainer. Avec le temps, vous trouverez que le tout se fait très bien et très facilement.

1. Se purifier

Il existe de nombreuses méthodes pour purifier nos énergies, nos chakras et nos corps astraux (les différentes couches de notre aura). La majorité est très simple et facile d'accès pour tous, que vos dons soient éveillés ou non. Votre méthode, si vous en avez déjà une, sera la bonne.

Vous n'avez, dans ce cas, pas besoin de suivre mes suggestions.

❖ *La douche ou le bain*
Visualisez que l'eau absorbe toute l'énergie négative qui est en vous et qu'elle l'emporte avec elle en se retirant de votre douche ou de votre bain.

❖ *La musique ou les sons*
Utilisez des bols tibétains, des clochettes ou tout autre instrument, ainsi que de la musique qui résonne positivement et calmement pour vous. Il est possible de passer devant chacun de vos chakras avec les clochettes ou de taper sur le bol si vous désirez les nettoyer individuellement. Sinon, il s'agit de visualiser votre intérieur et votre extérieur, qui sont purifiés grâce aux sons.

❖ *L'encens ou le palo santo*[2]
Passez l'encens tout autour de vous en visualisant que vous purifiez complètement votre aura. Lorsque vous respirez la fumée, voyez que cette dernière vous purifie intérieurement.

❖ *La visualisation/la méditation*
Évidemment, vous n'avez pas besoin d'instrument pour effectuer une purification du corps et de l'esprit. Visualisez une lumière blanche, cristalline, qui incarne toutes les autres couleurs, vous purifiant complètement et apportant les énergies négatives vers le sol, vers la Terre-Mère, qui pourra les nettoyer.

❖ *La prière ou la communication avec vos anges gardiens*

Si la visualisation ne vous convient pas, la prière est toujours à portée de vous. Il suffira de demander à votre ange gardien, sinon aux anges ou archanges de votre choix, de nettoyer vos énergies. Vous saurez lorsque le ménage sera fait, car vous vous sentirez plus léger.

2. S'ancrer

L'ancrage est une méthode qui permet de se solidifier avant de pratiquer une technique ésotérique ou pour devenir plus solide et stable dans la vie de tous les jours, devant les épreuves ou non.

❖ *La visualisation de l'arbre*
Il s'agit d'une méditation guidée qui vous permet de visualiser votre point d'ancrage (chakra de la base ou racine), qui se connecte à la Terre-Mère, puis votre point d'ancrage supérieur (chakra coronal), qui se connecte à la Source divine. Cet ancrage permet d'atteindre un équilibre entre ciel et terre, et vous offre ainsi une connexion entre vos chakras du bas et du haut, en liant le tout dans votre cœur. Cette méditation guidée vous est offerte sur ma chaîne YouTube.

❖ *La visualisation*
Il vous suffit de visualiser, de la manière qui vous plaît le plus, que votre chakra de la base est connecté à la Terre-Mère et que votre chakra coronal est connecté à la Source divine, tout simplement. Le rayon de la base est rouge, tandis que celui émis par le sommet de votre tête est violet ou blanc.

❖ *La prière ou la communication avec vos anges gardiens*
À nouveau, une prière faite avec le cœur vous permet de vous ancrer solidement, avec l'aide de vos anges gardiens si vous sentez que vous n'y parvenez pas. Elle est efficace aussi dans le cas où vous avez des doutes sur votre ancrage. Est-il assez fort? A-t-il été bien fait? La demande d'aide à vos anges gardiens viendra compléter votre ancrage et combler les failles possibles.

❖ *Les pierres semi-précieuses rouges ou noires*
Pour stimuler votre chakra racine et pour l'aider à s'ancrer de lui-même, vous pouvez poser la pierre près de vous, sur vous ou méditer sur cette dernière en l'ayant en main, jusqu'à ce que vous sentiez que le processus est terminé.

3. Se protéger

Il y a des centaines de façons de se protéger, assez pour en faire un livre complet! Nous verrons donc seulement les méthodes les plus connues. Gardez en tête que si vous avez déjà une façon de faire, votre méthode sera toujours la plus efficace puisque vous l'aurez déjà personnalisée et harmonisée avec vos énergies.

❖ *La bulle de protection*
Visualisez qu'une bulle d'énergie vous entoure. Cette dernière peut prendre sa source dans votre cœur (verte ou rose) ou votre plexus solaire (jaune ou dorée), puis grossir doucement, jusqu'à vous entourer complètement. C'est une sorte de soleil intérieur qui était en vous, mais dont vous serez ensuite le noyau. Voyez sa teinte changer pour

devenir blanche ou transparente. Vous terminez en voyant cette bulle se cristalliser. Cela permet de la solidifier et de la rendre plus imperméable. Si vous avez de la difficulté à projeter mentalement cette bulle, vous pouvez la former avec vos mains. Tentez de la toucher; cette sensation physique pourra vous aider.

❖ *La prière aux anges gardiens*
Demandez-leur simplement, avec cœur et conviction, de vous protéger lors de la séance que vous vous apprêtez à faire. Vous énoncez vos intentions (c'est une sorte d'engagement envers eux) et vous demandez leur aide. Cette prière n'a pas besoin d'être compliquée ou longue; elle doit seulement être précise et sincère.

❖ *Les pierres de protection*
Gardez-les sur vous durant la séance. Vous les purifierez ensuite.

❖ *Les représentations visuelles*
Affichez une photo de l'ange gardien, par exemple une représentation de l'archange Ariel, que vous conservez sur vous ou près de l'endroit où vous travaillez pour vous aider dans votre visualisation et dans votre demande d'assistance.

❖ *Mais surtout... la protection*
Un travail conscient de médium avec des entités qui sont soit égarées, soit troublées nous met en contact avec des énergies basses. Ces dernières peuvent provenir du bas astral ou y être liées. L'important ici est de ne pas corrompre ses propres énergies en venant en aide aux autres. Nous devons rester à l'écart de ces vibrations nocives pour être capables

de continuer à faire notre bon travail. Donc, n'hésitez pas et protégez-vous!

4. S'épurer

L'épuration sert à vider son esprit des pensées parasites pour recevoir ce qui vient vers vous ou pour mieux vous concentrer sur le travail à faire.

❧ *La méditation*
Si vous êtes adepte d'une forme de méditation qui permet de vider votre esprit, c'est cette méthode qui pourra être utilisée. Il faut laisser aller les pensées parasites et créer un réceptacle spirituel vide en vous. Cela vous permet de vous connecter sans interférence et d'agir pleinement dans votre pratique.

❧ *L'Ho'oponopono*
J'utilise cette technique de nettoyage en quelques mots afin de vider mon esprit et mon âme d'émotions et d'énergies négatives. Il s'agit d'une technique ancestrale hawaïenne de nettoyage et de purification des liens. On le faisait à l'époque entre les membres d'une famille, mais cela s'applique à presque tout et à n'importe quoi. Cette méthode ne contient que quatre phrases courtes : *Je suis désolé, je demande pardon, je t'aime et merci.* On offre ces mots au Divin, en soi, autour de soi, à l'extérieur de soi, sinon à une situation précise qui nous tourmente. L'ordre des mots varie d'un ouvrage à l'autre. L'important est surtout de se concentrer sur ce que signifient ces mots et de les prononcer avec conviction et avec cœur.

5. Ouvrir ses chakras

Cette étape est facultative. Elle est utile si vous sentez que vos capacités psychiques ne sont pas ouvertes. Vos dons s'expriment de façon spontanée dans votre énergie de manière générale, mais ces derniers peuvent aussi être reliés à l'ouverture ou à la fermeture de vos chakras.

❖ *La visualisation*

Voyez que vos chakras sont des fleurs d'énergie ou encore des roues d'énergie qui tournent dans le sens des aiguilles d'une montre. Voyez les fleurs éclore, sinon les roues tourner doucement, puis plus rapidement. Faites cette visualisation jusqu'à ce que vous sentiez une stabilisation du mouvement, devenu constant, sinon une ouverture. Vous pouvez avoir des sensations comme des picotements ou un effet de ouate sur l'un d'eux; c'est un signe qu'ils sont ouverts. Si vous n'avez pas de sensation, c'est normal également.

Vous pouvez continuer votre visualisation d'ancrage, en reprenant où vous aviez laissé. Cette fois, le rayon rouge de la base montera en vous, mais il activera également chacun de vos chakras sur son passage. Le rayon blanc ou violet du sommet de votre tête fera la même chose, mais en partant du haut. Vous pouvez rejoindre les deux rayons au chakra du cœur et les lier à cet endroit, car il est le centre de tous les autres.

❖ *L'activation manuelle*

Il suffit de passer devant chacun des chakras avec votre main ou votre doigt pour les faire tourner manuellement dans le sens des aiguilles d'une montre. Sinon, vous pouvez simuler l'ouverture de porte située devant chaque chakra, que vous actionnez avec votre main.

* *Le pendule*
Vérifiez si vos chakras sont bien ouverts ou non. Cela s'effectue simplement en posant la question au pendule, qui répondra par oui ou par non. S'ils ne le sont pas, faites la demande au pendule ou à votre ange gardien de les équilibrer et de les ouvrir, puis vérifiez à nouveau s'ils sont ouverts. Répétez ces mêmes étapes pour chacun d'eux.

6. Se connecter

Il s'agit ici de créer un pont ou un lien temporaire entre la personne, le lieu ou l'entité avec qui vous souhaitez entrer en contact. Ici, nous tentons de créer une ouverture vers l'animal que nous souhaitons faire passer. Cela nous permettra autant de recevoir des messages de sa part que de l'attirer dans notre lumière afin qu'il retrouve son chemin.

* Si vous connaissez les symboles du Reiki, utilisez le symbole permettant une connexion énergétique à distance. Vous le tracez dans votre esprit, tout en pensant à l'âme concernée. Vous sentirez lorsque le lien est établi.

* Utilisez des objets ayant appartenu à l'entité ou servez-vous d'une photographie, soit de l'animal, soit de l'endroit. Puis, créez, par visualisation, un lieu de rencontre : un pont, une croisée des chemins, une route, un tunnel, etc. L'objet ajoutera une touche énergétique supplémentaire, mais sachez bien qu'il n'est pas nécessaire. Avec une forte visualisation, vous arriverez aux mêmes résultats.

7. Recevoir

Une fois toutes ces étapes faites, vous vous sentirez bien, reposé et prêt à recevoir des informations et à agir en tant que passeur d'âmes. Si vous trouviez que vos dons n'étaient pas si forts, vous pourriez voir une réelle différence après être passé à travers toutes ces étapes. La dernière consiste en deux volets :

1. *S'envelopper de l'énergie divine*
   Vous devez vous concentrer sur l'énergie divine qui est en vous, sur cette lumière inextinguible qui brûle en votre centre. C'est un soleil d'énergie pure qui vous relie à la Source divine. Faites grandir cette lumière en vous, autour de vous; elle enveloppe complètement votre bulle de protection ainsi que la pièce où vous êtes. Si vous travaillez à distance, projetez cette lumière par visualisation sur l'endroit désiré.

2. *Recevoir l'énergie divine*
   Une fois que vous baignez complètement dans la lumière, concentrez-vous sur le fait de recevoir. Vous avez vidé et purifié votre esprit dans le but d'être connecté et guidé par les entités positives. Elles peuvent à présent vous communiquer des informations importantes. Certains communicateurs animaliers reçoivent des communications complètes et détaillées de la part des animaux. Ils obtiennent aussi des conseils et des suggestions sur les gestes à poser pour aider ces animaux. Cette étape peut être cruciale, avant même de procéder au passage d'âme.

Dans cet état, vous pourrez échanger avec les entités divines et les âmes animales que vous traitez. Bref, vous devenez un canal ouvert qui transmet, sans les blocages habituels.

Vous êtes prêt à faire le passage d'âme, qui est détaillé au chapitre suivant. Vous savez maintenant comment vous brancher et connaissez toutes les étapes importantes. Une fois que vous aurez fait votre travail de passeur, il faut refaire ces mêmes étapes, mais dans l'ordre inverse, tel que je le présente ci-dessous.

1. Se déconnecter

La première étape est de vous déconnecter de l'âme ou du lieu traité.

* Utilisez la visualisation contraire à celle que vous avez faite pour vous connecter, c'est-à-dire que vous voyez l'endroit ou l'âme en question, mais que votre vision est en mouvement pour revenir vers vous. Vous vous voyez passer du lieu visé vers le lieu où vous êtes dans le moment présent.

* Si vous avez utilisé un objet pour vous connecter, remerciez les énergies contenues dans ce dernier et rangez-le ou remettez-le à la personne qui vous l'a prêté. Si vous souhaitez refaire une séance plus tard, rangez-le dans un contenant opaque afin qu'il conserve ses énergies.

* Si vous avez visualisé des ponts, des liens ou des chemins, voyez-les se dissoudre de la manière qui vous plaît le plus. Ils peuvent simplement perdre leurs couleurs et se fondre dans un décor blanc. Ils peuvent également tomber en petits morceaux et retourner à la terre.

* Vous pouvez aussi dessiner ce que vous aviez visualisé et déchiqueter la feuille pour défaire la connexion.

2. Se purifier

Vous devez maintenant vous nettoyer des énergies avec lesquelles vous avez pu entrer en contact, que vous les ayez ressenties ou non. Les âmes égarées peuvent parfois être dans des lieux sombres, où les énergies sont basses et lourdes. Il faut donc faire un grand nettoyage avant de revenir vers soi.

❖ Vous pouvez visualiser l'énergie autour de vous être nettoyée par des entités divines. Ces dernières retirent les résidus en vous et vous purifient.

❖ Vous pouvez voir l'un des quatre éléments retirer l'énergie négative, par exemple le feu, qui brûle toute énergie négative qui serait restée avec vous.

❖ L'épée de l'archange Michaël est également une excellente visualisation à faire pour couper des liens ou des attaches qui seraient encore en place. Vous pouvez aussi voir des épées toutes petites qui travaillent dans votre aura, de la même énergie que l'épée de Michaël, qui sont des versions miniatures. Choisissez l'image qui sera la plus facile à visualiser.

❖ Les instruments sont également efficaces : l'encens, une larme d'apache[3], etc. Servez-vous-en pour couper les liens énergétiques restants et pour purifier votre aura. Ce que vous avez utilisé en début de séance peut servir à nouveau ici.

❖ Terminez en purifiant vos chakras.

3. Fermer ses chakras

Maintenant que votre énergie est purifiée, il est temps de

fermer vos chakras. Refaites simplement la technique que vous aviez choisie pour l'ouverture et refermez les fleurs ou roues d'énergie qui les représentent. Si vous avez utilisé le pendule pour ouvrir vos chakras, utilisez-le de la même façon pour les fermer.

Notez que vous pouvez également les purifier en utilisant une méthode similaire. Passez devant chaque chakra en lui demandant (ou à votre ange gardien) de le purifier, puis vérifiez si cela a bien été effectué.

4. Défaire et refaire son ancrage

La méthode servant à défaire l'ancrage est disponible sur ma chaîne YouTube. Vous pouvez visualiser que les liens se dissolvent, un peu comme les chemins, canaux ou ponts que vous avez précédemment défaits à l'étape 2. On se sert des éléments, par exemple le feu, pour brûler la ligne d'ancrage. Puis, un nouvel ancrage neutre est refait. Il vous permet de revenir à vous, de vous remettre dans votre vie quotidienne. Il signifie la fin de votre séance.

Si vous avez de la difficulté à défaire et refaire votre ancrage, dessinez sur une feuille l'entité, la personne ou l'animal avec qui vous avez formé un lien et entourez-la d'un cercle. Faites la même chose pour vous. Puis, tracez un trait qui sépare les deux dessins pour signifier qu'il y a une coupure ou découpez simplement la feuille et jetez-la.

5. Refaire sa protection

Simplement, refaites la protection de votre choix, que ce soit une bulle protectrice ou autre. Vous êtes désormais pleinement de retour dans votre énergie et cette dernière est purement vôtre. Vous pouvez retourner à vos tâches quotidiennes.

Situation particulière dans un lieu public

Si vous souhaitez vous rendre dans un endroit public où vous ne pouvez faire aucune technique ésotérique, mais souhaitez tout de même effectuer un passage d'âme, vous pouvez planifier autrement votre séance. À la maison, faites les étapes préparatoires, c'est-à-dire la purification, l'ancrage, la protection et l'épuration. Une fois sur les lieux, vous pouvez faire les étapes suivantes : l'ouverture des chakras, la connexion et la réception. Puis, effectuez le passage d'âme.

S'il s'agit d'un endroit fortement chargé en énergie négative et en détresse animale, vous pouvez faire la déconnexion, la purification et la fermeture des chakras avant de quitter les lieux. Défaites également votre ancrage. Puis, de retour à la maison, refaites votre ancrage et votre protection. Faites une purification si vous en ressentez le besoin ou si vous êtes resté avec un déséquilibre émotionnel.

S'il s'agit d'un lieu public où vous ne pouvez pas agir librement, il faudra bien sûr effectuer toutes les étapes par visualisation, donc assurez-vous auparavant d'en être capable. Entrainez-vous au besoin.

[2] Morceau de bois de l'arbre du même nom qu'on fait brûler pour la guérison et la purification.

[3] Pierre de protection qui libère des énergies négatives, souvent taillée sous la forme d'une goutte. On utilise sa pointe pour trancher les liens d'énergie.

15

Le travail du passeur d'âmes animales

15. Le travail du passeur d'âmes animales

Nous sommes maintenant prêts à voir plus en profondeur le rôle de passeur d'âmes. Peut-être avez-vous trouvé que les étapes étaient nombreuses et difficiles à pratiquer. En fait, avec l'expérience, tout se fait rapidement. Par contre, vous n'aurez peut-être pas l'intérêt de vous impliquer autant.

Pourtant, il est nécessaire de faire ces protections et purifications lorsque vous travaillez avec des âmes en souffrance. Même un travail avec des entités positives ou divines demande un minimum de précaution. Le domaine du spiritisme n'est jamais sans danger.

Si vous trouvez que le tout est laborieux, n'hésitez pas à ne vous en tenir qu'à vos animaux de compagnie et à ceux de vos proches, sinon aux animaux avec lesquels vous avez été ami. Le passage d'âmes reste une spécialité; il n'est ni nécessaire ni obligatoire pour qui que ce soit, que vous en ayez le don ou pas; qu'on vous dise que vous êtes un passeur d'âmes ou pas.

Je vous rappelle qu'il est possible que vous attiriez à vous des âmes perdues si vous décidez de vous investir dans cette voie. Autant les âmes que vous tentez de passer sont libres de le faire ou pas, autant vous êtes libre de vous consacrer au passage d'âmes ou non. On ne tente pas de faire passer toutes les âmes qui viennent à nous; on ne s'impose pas. Elles doivent aussi respecter votre choix. Ne vous investissez pas de cette mission si vous ne le ressentez pas; ce n'est peut-être pas la vôtre dans votre vie actuelle.

Il est toujours possible d'aider quand même. Lorsque vous croisez dans votre quotidien des animaux en souffrance ou que vous pensez à un lieu où des âmes animales peuvent être perdues, faites une simple prière avec votre cœur et visualisez que ces êtres reçoivent de l'amour et de la lumière. Vous pouvez toujours faire appel à leurs anges gardiens afin qu'ils allègent le fardeau de ces animaux. Non seulement vous enverrez de l'énergie positive sur les âmes en question, mais aussi une intention pure, par ricochet, sur toutes les autres, autour ou à proximité.

Vous pouvez également demander un éveil des gens qui font de la maltraitance afin qu'ils se libèrent de leur douleur et libèrent leurs victimes. Plus leurs cœurs s'ouvriront à l'amour, plus ils seront conscients. Vos prières peuvent être très fortes et très efficaces dans ce contexte. N'hésitez donc pas à aider de la manière qui vous semble la mieux adaptée : le passage d'âmes ou la prière.

Les lieux où sont concentrées les âmes animales

Les âmes animales perdues, égarées ou qui ont besoin d'aide peuvent se retrouver à plusieurs endroits, par exemple les lieux où il y a eu beaucoup de décès d'animaux : les autoroutes, les refuges, les abattoirs, les élevages, les fermes, les zoos, les cirques, les lieux de guerre, les cliniques vétérinaires et les grandes villes. Ces animaux peuvent avoir vécu de grandes souffrances avant de mourir. Ils doivent parfois être réconfortés et avoir besoin qu'on leur demande pardon (au nom de l'humanité), qu'on leur fasse comprendre que leur souffrance est terminée et qu'ils peuvent enfin être heureux, dans un monde meilleur.

Ces âmes peuvent être teintées par des sentiments négatifs, tels que le désespoir, la tristesse, la perte (d'un ou de plusieurs bébés) ou simplement la confusion. C'est pourquoi les étapes de connexion et de passage d'âme sont plus nombreuses. Il faut faire attention de se nettoyer et d'être soi-même dans un état d'esprit positif, car nous ne voulons pas ajouter une couche de négatif par-dessus la leur. C'est pourquoi j'insiste sur la pratique de toutes les étapes du chapitre 14, avant même de tenter un passage d'âme avec des animaux qui ont pu être maltraités.

La préparation

Je note qu'à l'époque où j'étais adolescente, c'est-à-dire les années 1990, les énergies étaient bien différentes. Mes amis qui utilisaient leurs dons et moi faisions des protections seulement au besoin et selon les situations ou les rituels que nous voulions tester. Nous effectuions des purifications si nous sentions que des énergies négatives stagnaient autour de nous ou tentaient de nous affecter. Par contre, des changements dans les énergies ont eu lieu avec les années qui sont passées et il n'est plus possible de pratiquer sans un minimum de préparation.

Il est possible de tirer aux cartes, d'avoir des visions ou encore d'utiliser le pendule sans une panoplie de protections. Toutefois, lorsqu'on touche au spiritisme, cela devient nécessaire. Il y a beaucoup d'âmes errantes présentement, car notre monde ne tourne pas rond, ce qui crée des mouvements d'énergie négative consciente et inconsciente. Si nous souhaitons effectuer une technique qui traite autant avec les énergies qu'avec les entités, nous devons prendre des précautions. Pour moi, les temps ont changé et nous devons nous y adapter. Afin de faire durer notre travail dans le temps, la préparation est plus que nécessaire. Le passage d'âmes est un acte de foi, une aide inconditionnelle et un véritable cadeau du cœur. Nous nous devons de protéger cela.

Il faut également apprendre à couper les ponts et à le faire définitivement. Vous devez maîtriser votre visualisation de connexion aussi bien que votre visualisation de déconnexion. Vous ne devez pas rester connecté constamment dans l'espoir que votre lien nourrira d'énergie les entités que vous souhaitez aider; cela vous videra et vous deviendrez inapte à aider à nouveau. Vous devez revenir à vous afin de vous ressourcer et de reprendre des forces. Ces êtres ont besoin que vous soyez en forme, en santé, que vous dégagiez du positif et que vous soyez apte à accueillir la lumière en vous. C'est aussi en cultivant votre bonheur que vous y arriverez.

Pratiquez la visualisation qui suit avant de faire votre premier passage d'âme. Voyez toutes les personnes de votre passé avec lesquelles vous ne parlez plus. Visualisez les liens qui pourraient rester entre vous et certaines d'entre elles. Vous pouvez les identifier par des souvenirs qui remontent à la surface de temps à autre. Ces réminiscences sont des signes qu'un lien existe toujours et qu'une blessure intérieure n'a pas encore guéri. Voyez que vous coupez tous les liens qui vous rattachent à ces personnes.

Visualisez un brasier de feu rouge, rattaché à la Terre, ou encore lumineux et blanc, rattaché à la Source divine, qui brûle ces liens et qui vous débarrasse des résidus. On utilise souvent l'épée de Michaël pour faire ce type de coupure. Vous pouvez même le faire physiquement en visualisant l'épée dans vos mains et en l'agitant tout autour de vous. Toute imagerie qui vous fait sentir que ces liens sont disparus est excellente. Exercez-vous d'abord, trouvez votre méthode et entrainez-vous au moins quelques fois sur des gens, sur des situations, sur des souvenirs ou sur des traumatismes dont vous désirez vous défaire et couper les liens de façon définitive.

Le passage d'une âme animale

❖ Faites d'abord les 7 étapes de préparation vues au chapitre 14 : se purifier, s'ancrer, se protéger, s'épurer, ouvrir ses chakras, se connecter et recevoir.

❖ Si vous êtes présent dans l'endroit concerné, prenez soin de purifier les lieux ou de rehausser le taux vibratoire. Si vous n'êtes pas présent dans l'endroit concerné, visualisez les lieux, puis purifiez-les et rehaussez leur taux vibratoire par visualisation.

❖ Identifier les âmes qui ont besoin d'aide. Si votre don n'est pas si précis, demandez à prendre contact avec les âmes errantes ou égarées.

❖ Demandez l'autorisation à vos guides et aux guides de ces animaux de faire le travail de passage d'âme pour eux.

❖ Accueillez l'âme (ou les âmes) que vous percevrez ou qui viendra à vous.

❖ Ouvrez votre cœur. Acceptez-la telle qu'elle est. Soyez réceptif.

❖ Demandez-lui pardon au nom de l'humanité. Dites-lui que nous ne sommes pas tous cruels, que vous avez un grand cœur et que vous désirez partager ce sentiment d'amour avec elle. Faites l'Ho'oponopono, si vous aimez cette pratique. Demandez-lui de pardonner l'ignorance et la cruauté de certains humains.

❖ Remerciez-la de sa présence sur Terre, de l'honneur qu'elle nous a fait en s'incarnant ici. Faites-lui part de votre émerveillement devant la forme qu'elle a choisie et faites-lui part à quel point vous êtes honoré de pouvoir aider un être de lumière comme elle. Pour un animal de laboratoire par exemple, inclinez-vous devant son sacrifice et dites-lui que cela n'aurait pas dû avoir lieu. Demandez pardon et remerciez-le pour son grand courage.

❖ Réagissez en conséquence aux messages ou sensations reçus. Par exemple, un sentiment de détresse sera contré par des sentiments d'apaisement, de réconfort et de présence.

❖ Rassurez l'âme et dites-lui qu'elle peut partir. Puis, expliquez-lui le processus de passage d'âme.

❖ Dites-lui qu'elle est libérée, qu'il n'y aura plus de souffrance et qu'elle est prête à passer à autre chose. Montrez-lui l'amour et la lumière qui sont en vous, puis enveloppez-la de ces énergies divines.

❖ Demandez aux anges gardiens d'aider à purifier l'âme et à la libérer de ses entraves.

❖ Demandez une ouverture vers la Source divine, que ce soit un portail, une porte, une fenêtre ou un simple rayon de lumière qui pointe vers le sol, que l'âme pourra suivre. Allez-y selon vos croyances, selon ce que vous croyez bien pour cette âme et ce qu'elle sera le plus propice à accepter.

❖ Encouragez-la à passer et continuez de la réconforter. Faites-lui ressentir que poser ce geste va l'alléger pour toujours. Dites-lui qu'elle ne souffre plus, qu'elle est en paix et qu'elle peut s'élever.

❖ Visualisez la pièce qui s'illumine et voyez le taux vibratoire qui se charge d'énergie divine et de la lumière qui entre par le passage que vous avez demandé.

❖ Refaites au besoin une demande d'enlever les blocages.

❖ Refaites une visualisation : projetez votre lumière vers l'âme et reliez-la à la Source pour qu'elle y soit connectée directement.

❖ Refaites toutes les étapes précédentes au besoin, si vous ressentez des difficultés ou des réticences.

❖ Invitez l'âme à s'élever vers la lumière, à rejoindre des plans plus lumineux. Soutenez-la dans son déplacement en la visualisant en train de s'élever. Votre pensée positive et votre souhait de bien-être pour elle lui donneront un coup de pouce.

❖ Prenez le temps de visualiser le processus. Certaines âmes peuvent être plus lentes; laissez-leur le temps et cessez seulement lorsque vous sentez que vous pouvez le faire.

❖ Selon l'ouverture de vos dons, vous pourrez voir l'âme s'élever, ressentir les énergies qui sont plus légères, entendre ou ressentir des remerciements, etc. Vous pouvez également ressentir une plénitude intérieure ou simplement avoir une certitude grandissante en vous qui exprime que vous avez atteint votre objectif.

❖ Demandez aux anges gardiens de laisser un portail de lumière ouvert pour les entités qui n'étaient pas prêtes à partir durant cette séance. Ainsi, lorsqu'une âme restée toute seule réalisera que les autres ont quitté l'endroit, elle les suivra grâce à cette porte lumineuse encore ouverte. C'est aux anges gardiens de faire cela; ils décideront également du délai de cette ouverture.

❖ Faites les 5 étapes vues au chapitre 14 : se déconnecter, se purifier, fermer ses chakras, défaire et refaire son ancrage, et refaire sa protection.

❖ Prenez le temps de remercier toutes les entités positives qui sont intervenues dans le processus.

Conclusion facultative

Avant de conclure la séance pour de bon, vous pouvez ajouter certaines étapes, à votre choix. Vous pouvez ou non être d'accord avec ces dernières; vous êtes donc libre de les faire ou pas. Il est préférable de faire ces étapes lorsque le passage d'âme est terminé. Une fois la séance conclue, faites la déconnexion et la purification, puis ne fermez pas vos chakras tout de suite et poursuivez avec ce qui suit.

❖ Pour les proches de l'animal

Projetez cette lumière d'amour divin sur les proches de l'âme animale, que ce soit sa parenté animale directe (enfants, parents, frères, sœurs, etc.), afin que ces proches soient également apaisés. Certains animaux apparentés peuvent être toujours en vie quelque part, au même endroit sinon ailleurs, et peuvent avoir besoin de cet apaisement. Ils sont liés dans l'énergie. Ainsi, ce qui libère un aide également à libérer l'autre.

❖ Pour les personnes qui ont pris soin de l'animal

Projetez cette lumière et cet amour sur les gens qui ont pris soin de cet animal, par exemple dans les refuges ou les cliniques vétérinaires. Plusieurs personnes dans ces lieux sont très attentionnées et offrent énormément d'amour aux animaux qu'elles soignent. Ces personnes aussi sont affectées par la souffrance animale (p. ex., par la maltraitance de ceux qu'elles recueillent). Cette énergie divine peut les aider à poursuivre leur bon travail.

❖ Pour les gens qui aiment les animaux

Vous pouvez projeter cette énergie sur tous les gens qui aiment les animaux, particulièrement ceux qui militent de façon équilibrée, juste et pacifique (lutter contre la violence dans la non-violence) pour leur libération. Ces gens ont également besoin d'un coup de pouce énergétique pour les aider à avancer. Ils font souvent face à des informations troublantes et choquantes qui peuvent causer des traumatismes émotionnels et mentaux. L'énergie divine peut leur être bénéfique dans l'avancement de leur cause.

❖ Pour les gens qui maltraitent les animaux

Vous pouvez envoyer cette énergie à tous ceux qui maltraitent les animaux, qui s'en servent comme des objets et qui ne les considèrent pas comme ils le devraient. Vous trouvez peut-être cela étrange, mais l'amour et la lumière ouvrent des portes dans le cœur des gens. C'est une ouverture du cœur et un éveil qui peuvent les aider à réaliser l'impact de leurs gestes. Ignorants, ils ont besoin d'un éveil de conscience, et ce sont rarement la violence et les accusations qui provoquent cette ouverture. Donc, si vous vous en sentez capable, vous pouvez leur faire parvenir cette énergie divine, de façon très douce et très subtile, pour qu'à terme ils puissent l'accepter et la ressentir. Vous pourrez ensuite refermer vos chakras et terminer avec les dernières étapes suggérées.

Une nouvelle étape

Je crois que le passeur d'âmes, en projetant des énergies, sert à faire passer l'âme vers une nouvelle étape : celle de l'évolution humaine, en harmonie avec son environnement. Toutes les énergies que vous mettrez en action dans vos passages d'âmes contribuent à l'élévation des énergies de cette planète. Ainsi, soyez à l'aise dans votre pratique, mais ne vous limitez pas au simple passage d'âmes.

Se ressourcer

Pour rester dans l'action et être capable de faire à nouveau des passages d'âmes, vous devez vous reconnecter à vous-même, mais aussi à un environnement positif. Nous avons vu des façons d'augmenter le taux vibratoire d'un endroit ou votre propre taux vibratoire. Cette fois, nous irons un peu plus loin dans les suggestions. Récapitulons rapidement les méthodes que nous avons vues au chapitre 12 :

- Créez une ambiance tamisée et reposante : faites jouer de la musique, ayez une décoration inspirante, parfumez la pièce, utilisez des accessoires créant un taux vibratoire élevé (symboles, pierres, plantes, lampes de sel, fontaine, éléments naturels).

❖ Méditez sur des scènes positives et rigolotes.

❖ Utilisez vos talents (chant, danse, arts créatifs, etc.).

❖ Évitez le négatif (mauvaises nouvelles, films ou jeux violents, alimentation déséquilibrée, sédentarité et isolement : tout ce qui vous déconnecte).

Comme nous l'avons vu, ces suggestions servent à rehausser le taux vibratoire de la pièce ou l'endroit où vous effectuez le passage d'âme. Or, se ressourcer va encore plus loin. Voyons quelques suggestions qui vous aideront à déterminer ce qui pourrait vous aider à refaire le plein d'énergies positives :

❖ Passez du temps en nature pour vous reposer, mais aussi pour vous régénérer.

❖ Faites le tri dans vos pensées et cultivez la pensée positive. Utilisez des affirmations positives au besoin.

❖ Prenez du temps pour vous reconnecter et vous recentrer : méditation, visualisation, séance de musique, temps personnel, respirations dirigées.

❖ Pratiquez un sport comme le yoga, le taï-chi ou le qi gong, qui permettent de débloquer les énergies et de les rééquilibrer.

❖ Soyez reconnaissant et ayez de la gratitude pour ce que vous avez.

❖ Ayez un rythme de vie équilibré.

❧ Aménagez le plus possible votre lieu d'habitation selon le feng shui, c'est-à-dire libérez-le d'objets désagréables ou inutiles et disposez le tout en harmonie.

❧ Profitez de soins relaxants : spa, massage, soin Reiki, etc.

❧ Profitez de soins de santé dont vous avez besoin : ostéopathie, physiothérapie, psychologie, etc.

❧ Faites ce que vous aimez, ce qui vous fait vibrer et ce qui vous redonne de l'énergie. Cultivez vos passions et gardez toujours une case horaire tous les jours, sinon toutes les semaines, pour entretenir votre flamme.

❧ Visiter des lieux à haute fréquence énergétique : les églises, les chapelles, les temples et les lieux saints, si vous êtes en harmonie avec ces croyances. Ou encore les forêts, les plaines, les montagnes et les lacs : tout lieu naturel où l'humain est peu présent.

❧ Priez : vos anges, vos guides, vos anges gardiens, vos archanges ou autres, selon vos croyances. Gardez le contact avec le Divin en les remerciant régulièrement de ce qu'ils font pour vous, que vous leur ayez adressé des requêtes ou non.

16

Et si ce n'était pas l'animal qui avait besoin d'aide?

16. Et si ce n'était pas l'animal qui avait besoin d'aide?

Le deuil

Il est possible que nous soyons conscient du départ imminent de notre animal. Il est malade, nous avons identifié la maladie et nous lui offrons des soins, mais nous savons aussi qu'il lui reste peu de temps. Dans ce cas, il faudra lui laisser de la place, c'est-à-dire un lieu tranquille où il pourra se reposer, se ressourcer et, surtout, être dans le calme. Il faut respecter le fait qu'il se retire. On peut tout de même lui faire des soins énergétiques, dont le Reiki.

Dites-lui qu'il peut partir lorsqu'il est prêt. Il ne faut pas tenter de le retenir pour votre propre bien, mais plutôt penser à son bonheur à lui. En lui mentionnant que vous le respectez autant dans la vie que dans la mort, vous lui permettez de ne pas s'accrocher dans la souffrance.

Vous pouvez lui demander de vous faire un signe lorsque le temps sera venu. Vous pouvez aussi lui demander s'il souhaite recevoir de l'aide pour passer de l'autre côté. Les autres animaux de la maisonnée peuvent être au fait de tout ceci et vous guider dans les pas à suivre.

Certains communicateurs animaliers disent que les animaux ont la capacité de sortir temporairement de leur corps lorsqu'ils souffrent trop, sinon de tomber dans un état de conscience différent pour se libérer de cette douleur. Ils semblent alors être en transe; ils agissent comme des robots, plutôt machinalement.

Si votre animal est à la clinique, vous pouvez lui parler à distance et lui projeter tout votre amour. Dites-lui tout ce que vous avez à lui dire tout de suite; vous n'avez pas besoin d'être physiquement près de lui. Pour ce faire, dites son nom, visualisez-le et parlez-lui.

Quelques rappels pour une personne en deuil : elle doit bien se nourrir, bien dormir et faire des siestes au besoin. Elle peut se donner des soins naturels, par exemple des huiles essentielles (du millepertuis contre la dépression avec un minimum de 2 semaines avant d'atteindre son plein effet ou des fleurs de Bach pour soigner les émotions), tout comme elle peut en recevoir (soins énergétiques, nutritifs, etc.). Elle doit aussi prendre l'air, bouger et s'occuper l'esprit. Le temps guérit : oui, il faut laisser le deuil passer, mais ne pas y penser 24 heures sur 24.

Dans une optique plus ésotérique, on peut visualiser une bulle verte ou rose autour de soi pour aider à guérir son cœur. Cette bulle peut également nous aider à nous isoler dans l'énergie apaisante de la guérison afin de ne pas pleurer (au travail, dans les transports, dans les lieux publics). Appelez l'énergie divine sur vous à travers le chakra coronal pour vous sentir mieux à tout moment. Et, surtout, faites bien votre ancrage à la Terre-Mère, et ce, tous les jours.

Conserver des souvenirs

Conserver des souvenirs de l'animal décédé se fait bien sûr à la discrétion de chacun. Certaines personnes préfèrent ne rien conserver, car cela les aide à passer à autre chose rapidement. D'autres veulent plutôt conserver des souvenirs qui leur rappellent cet amour profond. Il n'y a pas de bonnes ou de mauvaises façons de faire, car chacun vit différemment cette étape. Vous devez agir de la manière qui vous réconforte le plus.

Personnellement, j'ai rarement conservé des objets appartenant à mes animaux. Pour le dernier qui m'a quittée, j'ai été très heureuse qu'on puisse ajouter à la crémation les jouets que je lui avais apportés à la clinique. C'est comme si mon chat avait quitté la Terre en compagnie des choses qui lui tenaient le plus à cœur. Je préférais qu'ils partent avec mon chat, plutôt que de les avoir inutilement chez moi. J'ai par contre conservé la carte du vétérinaire, qui portait une note extrêmement touchante. Lorsque je souhaite revoir des souvenirs, je me tourne plutôt vers des photos ou des vidéos, sinon vers ma mémoire.

D'autres personnes conservent des jouets, des accessoires (collier), des poils ou des plumes, sinon une empreinte de patte dans le plâtre. Certains feront un dessin ou une toile de leur animal. Si vous en avez le talent, c'est un souvenir qui prend la forme d'un hommage. Concernant les tatouages, il est généralement recommandé de les faire longtemps après la mort puisqu'il s'agit d'un geste permanent. On doit avoir terminé le deuil et savoir de manière lucide et détachée si l'on souhaite vraiment conserver un tel souvenir ou simplement le laisser aller.

La culpabilité

Je crois que nous devons prendre le temps de parler de la culpabilité. Nous le ferons de six façons différentes. J'espère que vous y trouverez la réflexion qui pourra vous aider à vous libérer de ce grand fardeau. Soyez sans crainte, nous avons tous, ou presque, ressenti de la culpabilité à un moment ou un autre de notre cheminement avec nos animaux de compagnie. Vous n'êtes de toute évidence pas seul. Tous les gens qui m'ont inspiré l'écriture de ce livre en vivaient ou en avaient vécu.

🐾 Ne pas analyser le passé selon le présent

Nous avons tendance à croire, devant la mort de notre animal de compagnie, que nous aurions pu agir autrement. Pourtant, si nous avons posé certains gestes, c'est précisément car nous ne savions pas. Cette tendance à analyser le passé selon nos croyances actuelles est très culpabilisante. Elle suppose que notre conscience est omnisciente et que nous aurions dû tout prévoir. Malheureusement, ce n'est qu'après coup que nous comprenons les enjeux, les risques et les gestes qui auraient pu aider, ou encore les « erreurs » que nous nous reprochons.

Nous ne pouvons pas voir l'avenir, alors nous ne savons pas ce qui va se produire. Remettez-vous en contexte, au moment où le décès de votre animal s'est passé. Vous ne pouviez pas prévoir que la fin de vie de votre animal arriverait plus vite que prévu. (D'ailleurs, pouvez-vous vraiment affirmer que cette mort a été précoce ou imprévue?) Personne n'est un dieu ni une déesse sur Terre. Pourtant, selon ce concept, c'est ce qu'on se demande d'être. C'est un peu comme tenter de travailler dans un domaine, par exemple en tant que scientifique en laboratoire, sans même avoir fait les études requises. C'est impossible!

Pourtant, on se culpabilise de ne pas avoir prévu, de ne pas avoir songé un instant que cela pourrait arriver. D'autres vont dire qu'ils ont été dans une sorte de déni qui les a empêchés d'agir pour le mieux. C'est possible, car je crois qu'on tombe tous dans le déni à un moment ou un autre.

Le déni est un système de défense tout à fait normal, où l'on tente de se protéger de la souffrance, même si l'on pose des gestes erronés et qu'au final on souffre encore plus ensuite – surtout lorsque le lien avec l'animal est très fort. Cela revient toutefois au même : si l'on agit dans le déni ou en parfaite conscience du moment présent, rien ne nous permet de prévoir l'avenir.

Si vous êtes dans ce cas, je vous fais deux suggestions : l'Ho'oponopono et la lettre d'adieu.

☙ Pratiquer l'Ho'oponopono

La première est l'Ho'oponopono. Je vous rappelle qu'il s'effectue tout simplement en disant : *Je suis désolé, je te demande pardon, je t'aime, merci.* L'ordre n'est pas important : il vous suffit de dire les mots avec le fond du cœur. Donc, pour tous les actes manqués et les erreurs que vous souhaitez « réparer », répétez ces mots, autant que vous en aurez besoin : tous les jours, une fois par semaine ou encore au besoin, lorsque le sentiment de culpabilité se fait sentir, jusqu'au sentiment de libération.

☙ Écrire une lettre d'adieu

Vous pouvez également écrire une lettre pour votre animal. Ensuite, vous la conservez ou la brûlez; cela reste votre choix. Vous pouvez également la réciter à voix haute, exactement comme si vous vous adressiez directement à votre animal. Dites-lui que vous avez agi avec amour, malgré les erreurs que vous pouvez avoir posées. Qu'en votre cœur vous avez toujours agi de votre mieux et que vous avez tout fait ce que vous pouviez. Exprimez-lui vos regrets ainsi que votre amour inconditionnel. Précisons que la lettre concerne les remords, donc ne mentionnez pas précisément les non-dits; demandez pardon.

Sachez que votre animal, en sa qualité d'âme qui s'est élevée vers l'astral, ne vous en veut pas. Souvenez-vous qu'il comprend la vie, la maladie et la mort, donc qu'il n'a pas ce genre de regret ou de rancœur envers vous. Il sait pertinemment que vous avez agi avec amour et il souhaite de tout son cœur que vous puissiez comprendre que tout ceci est du passé, qu'il ne vous en veut pas et ne vous en voudra jamais. Il ne restera qu'à vous pardonner pour vos « erreurs », pour avoir été imparfait et, donc, pour avoir été… humain.

❦ *La mort est-elle vraiment imprévue?*

Un dernier point important : rappelez-vous que vous n'êtes pas maître de la vie et de la mort. Oui, nous veillons sur nos animaux et, jusqu'à un certain point, ils sont à notre merci. Or, nous ne contrôlons pas la mort ni quand elle peut arriver. Nous ne savons pas quand notre animal a décidé de nous quitter pour un monde meilleur ni s'il doit simplement le faire car son « heure est venue ». Même si nous posons les meilleurs gestes, il reste que cet instant est entre les mains de forces supérieures à nous.

Ainsi, croire que nous aurions pu faire en sorte de garder en vie notre animal de compagnie peut devenir prétentieux, et nous laisser penser que nous avons beaucoup plus de pouvoir et d'impact que nous n'en avons en réalité. La destinée de nos animaux leur appartient et nos erreurs de parcours font peut-être partie à part entière de ce plan qui leur était destiné et qu'ils avaient choisi.

Laissons les forces de l'Univers faire leur travail et nous, le nôtre. Nous pourrions aussi poser un geste demain et perdre la vie. Nos proches pourraient se dire qu'il aurait fallu faire autrement, mais c'était peut-être ce qui était prévu : si vous aviez décidé, au fond de votre âme, de partir. Ayons confiance en ces forces supérieures qui ont une maîtrise réelle sur les cycles de vie et de mort.

❖ *Une vision pure, détachée et libre*

Votre animal, une fois dans un monde meilleur, ne voit plus la vie de la même façon. Il est plus léger, il vibre avec le Divin et il comprend tout. En étant dans l'énergie, il fait partie de l'Univers. Il n'y a plus de mystères pour lui.

La méditation omniconsciente permet de comprendre l'état dans lequel sont les animaux qui sont passés dans la lumière. Cette forme de méditation consiste à se connecter à l'Univers, au Divin. On vide complètement sa tête et on fait un avec le Tout. Nos questions reçoivent des réponses instantanées et on les comprend immédiatement. Tout est clair et évident. Rien ne reste en suspens; on comprend absolument tout. On se sent libre et léger.

Dans cet état, il n'y a bien sûr aucune colère, rancune, tristesse. Rien de lourd n'est présent, car tout est compris, justifié et toute chose a sa place dans l'Univers. Vous vous demandez peut-être : Pourquoi l'âme souhaite-t-elle revenir dans un corps pour apprendre de nouvelles notions si elle sait déjà tout? C'est une question pertinente.

Je vous offre une analogie qui permet de bien saisir cet état divin. Lorsque nous sommes liés à l'Univers, c'est un peu comme si nous sommes sur Internet avec notre ordinateur. Nous avons accès à toutes les connaissances et nous pouvons communiquer avec tous. Lorsque nous sommes incarnés dans un corps physique, c'est un peu comme utiliser notre ordinateur, mais sans Internet. Cette fois, nous devons nous fier à ce qui est inscrit sur notre disque dur. Ce dernier, dans cette analogie, serait notre âme.

Nous devons donc nous incarner pour graver des informations sur notre âme afin de non seulement les observer, mais les apprendre et, surtout, les assimiler. Notre vie sur Terre grave ces informations pour toujours. Plus nous apprenons, plus notre âme (disque dur) évolue et plus elle ressemble au Tout (Internet), car elle s'enrichit d'une expérience à l'autre. C'est ainsi que votre animal passé de l'autre côté vous comprend parfaitement et entièrement, et qu'il ne peut entretenir de sentiment mauvais à votre égard, peu importe ce que vous avez fait, puisqu'il possède une vue d'ensemble sur les choses qui est omniconsciente et pure.

Dans notre esprit limité, nous sommes bloqués par nos croyances, par nos préjugés et par nos souffrances. Or, l'âme animale élevée dans l'astral est libre. Elle vous a déjà pardonné vos erreurs. Elle n'est pas rancunière puisqu'elle ne peut pas ressentir ce type d'émotion dans les hautes vibrations où elle se trouve.

Votre animal n'aime pas vous voir triste à cause de lui. Il a énormément de compassion envers votre souffrance, votre manque et le vide resté après sa mort. Il souhaite par-dessus tout vous redonner le sourire et vous redonner le courage de continuer sans lui. Il ne veut pas plus vous voir souffrir que vous ne voudriez le voir souffrir. Se libérer de cette grande tristesse, c'est lui rendre une grande faveur. Se libérer de votre culpabilité, c'est le libérer aussi et ne plus le retenir inutilement dans une énergie lourde.

❧ La réincarnation et les étapes de vie terminées ensemble

Nous avons vu qu'un animal peut choisir de se

réincarner sous une autre forme et revenir dans notre vie. Plusieurs des livres présentés dans la bibliographie à la fin de cet ouvrage en font mention. Avant de se réincarner, l'animal fera son choix de mission de vie. Il aura évolué lors de son passage dans l'au-delà et reviendra pour acquérir de nouvelles expériences et évoluer à nouveau.

Dans le cas où il revient pour vous enseigner des notions, comme nous l'avons vu au chapitre 8, si vous pleurez toujours la mort de cette âme, comment pourrez-vous apprécier sa nouvelle incarnation et en retirer le meilleur? Elle sera de nouveau à vos côtés, mais vous ne profiterez pas de sa présence à 100 %.

Il est possible qu'une tout autre âme désire prendre place dans votre vie, simplement parce que vous avez besoin de passer à autre chose, c'est-à-dire de vivre autrement. L'animal que vous pleurez toujours vous a peut-être apporté une leçon de vie très importante. Une fois cet apprentissage fait, vous devez apprendre de nouvelles leçons.

Parfois, cet animal représente une étape définie de votre vie ou une partie de votre existence qui est terminée, que ce soit un schéma à briser, une épreuve à surmonter. Votre vie a probablement changé et, maintenant que vous avez fait de nouvelles rencontres et que vous êtes entré dans un autre mode de vie, vous avez conclu cette étape. L'animal qui y était relié est donc parti. Il s'en va pour vous libérer du passé et pour vous faire réaliser que vous avez réussi votre passage, car il était là spécifiquement pour ça.

Dans tous les cas, mon avis personnel revient sur ce

même fait : continuer à évoluer sans l'animal est une marque de respect, de considération envers le travail qu'il a fait pour vous. Son amour et sa présence vous ont permis de découvrir de nouvelles dimensions d'amour. Ils ont peut-être été un pilier alors que tout autour s'écroulait. Votre animal de compagnie a peut-être été une sorte d'ange sur Terre. Maintenant, à vous de le remercier et d'apprécier tous les efforts qu'il a mis en place pour votre évolution.

❖ Exercice pour se libérer de la culpabilité

Comme nous l'avons vu précédemment, les âmes animales qui se sont élevées sont normalement très à l'aise avec leur nouvel aspect, et très enthousiastes quant à leur nouvelle vie et à toutes les possibilités qui leur sont offertes. Elles ont tout pardonné, et laissent derrière elles les regrets et la rancune de leur passage terrestre. Il n'y a donc aucun problème de leur côté.

Si malgré tout vous ressentez encore de la tristesse, des regrets ou autres sentiments désagréables persistants, je vous invite à rationaliser la situation. Vous considérez que vous n'en avez pas fait assez concernant la maladie ou la mort de votre animal et souhaitez avoir fait différemment. Ces évènements sont passés et ne pourront jamais être changés. Il faut donc trouver des méthodes pour vivre avec cette réalité.

Réfléchissez bien à ceci. À combien de temps de sa vie les tout derniers évènements, ceux qui ont conduit à la perte de votre animal, correspondent-ils en pourcentage? Je fais le calcul avec vous. Mon animal a vécu 5 ans et demi. Ses problèmes et souffrances de fin de vie se sont produits pendant ses deux derniers jours. Donc, 2 jours sur une durée de 2 007 jours équivalent à 0,0996512 % de sa vie. Ne laissez pas moins de 0,1 % dominer vos souvenirs! Qu'il ne soit surtout pas le souvenir que vous conservez de cette relation. Le regret ne doit pas être l'émotion première qui vient lorsque vous pensez à votre animal.

Certains diront peut-être que les journées ne se valent pas, qu'il peut y avoir eu des périodes de vie qui ont été plus difficiles que d'autres ou des moments que l'animal a mal vécus. Or, si vous vous êtes bien occupé de votre animal avec cœur, même si vous avez fait des erreurs (en toute innocence), le pourcentage de moments manqués ne donnera jamais moins de 80 %, ce qui est une réussite, considérant que les relations sociales sont rarement satisfaisantes à 100 % avec qui que ce soit.

Il faut effectuer un reconditionnement mental et une mise au point des pensées. On doit ressasser les bons souvenirs, et non seulement ces très courts mauvais souvenirs. La mort de votre animal de compagnie équivaut à un faible pourcentage de toute votre relation. Les petites erreurs ne peuvent pas dépasser toutes les bonnes choses que vous avez faites pour lui. Repensez à toutes les belles activités, les cadeaux, les câlins, les moments cocasses, même les bêtises : c'est précieux et très fort! Cela ne doit pas disparaître parce que vous n'avez pas fait ceci ou cela à la fin. Chaque fois qu'une pensée de tristesse remonte à la surface, remplacez-la par des pensées positives et par de beaux souvenirs. Votre animal connaît votre cœur et vos vraies intentions. Il veut que vous vous souveniez de lui dans les nombreux moments de sa vie, et non à l'instant de sa mort.

Afin que votre cerveau intègre bien le tout, je vous

invite à faire l'exercice suivant. Prenez une feuille blanche et divisez-la en deux colonnes. Écrivez d'un côté les bons moments et les bonnes choses que vous avez faites pour votre animal. Dans l'autre, écrivez les choses que vous vous reprochez. Considérez le tout.

J'ai fait le test et la colonne des bons moments était très longue, tandis que celle comportant les erreurs de parcours était vraiment très courte. Faites le test!

Avoir un autre animal

Vous avez d'abord pris le temps de faire votre deuil. Maintenant, la question d'avoir un autre animal de compagnie vous passe par la tête. Sachez que votre animal souhaite votre bonheur. Il est donc normal pour lui que vous souhaitiez être accompagné de nouveau. Il n'est pas limité par des sentiments mauvais de comparaison, de jalousie ou autres. S'il voit qu'une autre créature pourrait vous apporter du bonheur, il souhaitera que cette dernière entre dans votre vie.

Il est possible, comme nous l'avons vu, que votre animal revienne dans un autre corps, mais cela ne se produit pas de façon automatique. Même s'il le fait, il ne sera pas un remplacement identique, car il est une nouvelle incarnation : il a donc des objectifs différents. C'est une nouvelle vie et donc une nouvelle âme (dans une version plus évoluée). Ce sera donc tout de même un renouveau et une nouvelle rencontre. Certaines personnes retrouvent l'âme de leur animal de compagnie décédé réincarnée dans un animal trouvé chez des éleveurs, d'autres dans des refuges. Laissez-vous simplement inspirer et vous trouverez l'animal qui vous convient, qu'il soit réincarné ou non.

17

La communication animale

17. La communication animale

Il me semble intéressant d'ajouter quelques notions sur la communication animale à la toute fin de ce livre pour ceux qui aimeraient communiquer avec l'âme de leur animal, décédé ou vivant. Ces notions servent :

- ❖ si vous avez des animaux toujours en vie. Ils pourront vous informer sur leur humeur, sur leur santé, sur leurs désirs et sur leurs intérêts pour des activités, par exemple.
- ❖ lors d'un passage d'âme, si vos dons sont ouverts et que vous recevez des informations provenant de l'âme animale;
- ❖ à entrer en contact avec une âme qui a déjà fait son premier passage, mais qui revient par moments pour vous tenir compagnie.

Ainsi, ces notions peuvent s'appliquer autant à un

contact avec l'âme de votre animal de compagnie que pour lui parler alors qu'il est encore en vie. Il est facile de les adapter à une méthode ou à l'autre. Par exemple, pour un animal vivant, on se place devant lui, alors que, pour une âme animale, on utilise une photo ou un objet pour créer le contact.

Faire le deuil et laisser l'âme terminer sa transition

❖ La transition humaine

Les croyances varient beaucoup au sujet du nombre de jours pendant lesquels les âmes des défunts récents restent sur Terre, après la mort physique. Certains parlent de 3 jours, alors que d'autres mentionnent jusqu'à 21 jours. La durée va donc selon vos croyances personnelles, mais, dans tous les cas, il y a bien un délai.

On parle d'un temps de transition pour que l'âme réalise qu'elle n'est plus dans son corps, qu'elle fasse le tour de ses proches et se détache, puis qu'elle passe de l'autre côté. Évidemment, nous ne voulons pas contacter une âme qui n'a pas encore complété son processus. C'est toutefois durant cette période que nous lui envoyons nos énergies positives pour qu'elle effectue une belle transition, autrement dit un beau passage. C'est le temps de la soutenir, et non de discuter avec elle (sauf si l'âme est prise dans des énergies lourdes, on parlera d'un passage d'âme humaine en bonne et due forme, incluant une écoute active). Il faudra donc attendre au moins quelques jours avant de tenter une communication avec l'au-delà.

❧ *La transition animale*

Malgré ces croyances sur le nombre de jours qu'une âme reste sur Terre après la mort physique, je crois que ce processus est plus rapide pour les animaux. Tout va plus vite pour eux, autant leur rythme de vie et leur routine que leur maladie ou leur mort. Ainsi, si vous croisez un animal sur la route qui vient tout juste de se faire frapper et qu'il laisse s'échapper son dernier souffle, vous pouvez lui faire un passage d'âme sur-le-champ. Vous n'avez pas à attendre un délai de 3 à 21 jours. Je vous mentionne ces chiffres, car ils font partie des croyances les plus répandues et qu'il est intéressant de savoir ce qu'il se dit sur le sujet. Cela reste cependant des notions déterminées par des croyances qui varient d'une personne à l'autre.

Cette période de temps peut toutefois vous servir à faire le tour de vos émotions, à les épurer et à les laisser retomber. Il est difficile de s'ouvrir psychiquement à la communication lorsqu'on a l'esprit troublé. Il est préférable d'avoir fait une partie de votre deuil avant de tenter un contact direct. Vous serez plus réceptif une fois que les émotions fortes seront moins présentes. Une ouverture et une sorte de vide sont nécessaires pour recevoir les messages de votre animal.

Selon vos croyances, les premiers jours ou premières semaines serviront surtout à faire parvenir des énergies positives et de bonnes pensées vers votre animal. Vous pourrez lui envoyer de la lumière et faire des prières bénéfiques pour lui. Vous pourrez lui demander de vous faire un signe lorsqu'il sera prêt, donc lorsqu'il aura terminé sa transition et sera en mesure de passer d'un monde à un autre à sa guise. Il faudra ensuite être patient, car votre requête pourrait ne pas être complétée sur-le-champ. Nous reviendrons sur les signes plus loin dans ce chapitre. Bref, laissez-le s'installer dans sa nouvelle demeure avant de le rappeler à vous.

Hypothèse sur le contact avec l'âme animale

Lorsque nous parlons par télépathie avec notre animal de compagnie vivant, nous nous adressons à lui en tant qu'âme incarnée dans le corps d'un animal. Nous pouvons tout de même nous adresser à sa conscience supérieure, mais, règle générale, nous recevons une communication de sa conscience actuelle dans son incarnation.

Lorsque nous parlons avec notre animal sous forme astrale, il est possible qu'il nous réponde autant comme il l'aurait fait dans sa forme physique, donc dans son « souvenir terrestre », mais il pourrait aussi nous répondre grâce à un niveau de conscience supérieur, donc par son « âme élevée dans la lumière ».

Soyez à l'aise d'énoncer dès le départ à quelle « version » de votre animal vous désirez entrer en contact. Voulez-vous parler avec votre chien? Ou avec son âme maintenant évoluée? Vous pouvez également lui demander de vous parler de la façon que vous serez le plus apte à comprendre et il pourra s'adapter à vos capacités.

Nous pouvons également communiquer, que ce soit avec un animal vivant ou sous forme astrale, par l'entremise de ses guides ou même des nôtres. Ces créatures divines deviennent des messagers qui nous permettent de recevoir des messages plus clairs puisqu'ils vibrent généralement sur les mêmes vibrations que nous. Nos anges gardiens sont personnalisés, ils nous ressemblent et nous comprennent; ce sont les entités les plus aptes à nous faire évoluer et cheminer vers notre mission de vie. Ils servent aussi d'intermédiaire lorsqu'il est question de communiquer avec d'autres êtres. Ils peuvent également être un excellent filtre, si vous avez de la difficulté à recevoir clairement les messages.

La préparation pour le premier contact

Vous pouvez créer un petit rituel de contact, si vous avez besoin d'un moment spécifique pour vous préparer dans votre démarche. Il peut être difficile d'entrer en communication à n'importe quel moment, alors que vous n'êtes pas dans le bon état d'esprit. Créer une routine permet de programmer le mental à se préparer à entrer dans l'action.

Choisissez un moment particulier où vous êtes le plus reposé, soit tôt le matin, sinon tard le soir. Ce sont des moments où il y a moins de distractions de manière générale. Tentez de faire vos essais toujours à la même heure. Soyez dans un état de calme et de réceptivité. Une méditation ou des respirations dirigées peuvent vous aider à atteindre cet état. Je vous suggère à nouveau la purification ou l'épuration. Cette dernière sera très efficace dans le cas où votre journée vous aurait laissé un arrière-goût.

L'ancrage peut vous solidifier dans le moment présent et vous aider à vider votre esprit afin de l'ouvrir à cette communication. Vous pouvez non seulement recevoir des messages, mais peut-être aussi ressentir une présence. Les résultats ne sont pas toujours instantanés et il faut être patient. Par contre, ces astuces font la différence.

La séance de communication animale

Installez-vous confortablement dans un endroit qui vous inspire positivement. Assurez-vous que vos pieds sont bien posés sur le sol et connectés à la Terre. Faites une courte méditation d'ancrage. Respirez profondément à plusieurs reprises et reprenez contact avec votre moi intérieur. Concentrez-vous sur vos respirations afin de vous aider à vider votre esprit et à faire place à ce qui voudra venir vers vous. Il faut être bien ancré dans le moment présent et dans vos sensations, autant corporelles qu'émotionnelles. Tout doit être paisible en vous et prêt à accueillir.

Si vous êtes trop accablé par le deuil, tentez de faire de la place parmi vos émotions négatives avant tout contact. Sinon, reportez la séance. Vous pouvez également demander l'aide de vos anges gardiens à ce sujet. Toutefois, notez qu'il est possible que vous n'ayez pas de résultats ou très peu, si vous n'êtes pas dans un état mental réceptif. Par contre, vous avez un atout, c'est-à-dire que le lien entre votre animal et vous existe déjà par l'entremise de votre cœur, de ce que vous avez éprouvé pour lui. Il est plus naturel pour vous et plus facile de communiquer avec lui qu'une personne qui lui est extérieure.

Vous pouvez vous aider d'une photo ou d'un objet souvenir pour établir le lien avec votre animal. Visualisez-le lorsqu'il était en pleine santé, jeune ou vieux, dans des scènes heureuses. Voyez qu'il est lumineux et en paix. Le point d'ancrage situé dans votre cœur passe par la Source divine pour se connecter à l'ancrage situé dans le cœur de votre animal. Pour un animal vivant, vous passez par votre ancrage terrestre, à la Terre-Mère. Le courant passera encore d'un cœur à l'autre. Sentez que l'énergie passe de vous à lui, puis de lui à vous. Ne forcez pas les sensations et laissez-vous aller le plus possible. Cela aidera l'énergie à circuler librement.

Prenez le temps de ressentir ce lien énergétique se forger et se former, puis le mouvement de l'énergie qui va et vient entre vous. Une fois que ce canal de communication est établi, débutez avec une première salutation. Parlez à votre animal comme vous le faisiez lorsqu'il était vivant et utilisez les mêmes noms ou surnoms affectueux.

Vous pouvez à présent lui dire que vous êtes prêt à accueillir ce qu'il souhaite vous transmettre ou encore vous pouvez commencer à poser vos questions. Nous verrons quelques exemples plus loin.

Laissez monter ce qui vient : images, émotions, mots ou phrases, sensations, etc. Continuez de respirer régulièrement ou profondément afin de maintenir votre état de détente et de réceptivité. Réagissez à ce que vous recevez et accueillez tout ce qui est reçu. Même si les images sont abstraites, vous les comprendrez peut-être plus tard.

Lorsque vous sentez que la communication est

terminée, revenez vers vous. Défaites votre ancrage et reprenez doucement vos esprits. Vous pouvez noter aussitôt les informations reçues dans un cahier afin de ne pas les oublier.

À quoi ressemble une séance de communication animale?

Une séance de communication animale peut être très différente d'une personne à l'autre. Pour la majorité, les messages sont très simples. Ce sont des images, des émotions, des impressions. Il s'agit d'un discours simple, basé sur l'expérience vécue et sur le moment présent. Il y a peut-être moins de détails et d'idées définies par les mots, mais vous pouvez quand même comprendre que votre animal vous parle d'une activité, d'un jouet, d'un comportement, d'un autre animal ou d'un humain, etc.

Même si le tout peut sembler abstrait au départ, ne croyez pas qu'il s'agit d'une communication limitée. Les images et sentiments peuvent être beaucoup plus révélateurs que des phrases, car ils portent en eux nombre d'informations.

La majorité des communicateurs animaliers reçoivent des messages complets, c'est-à-dire qu'ils discutent avec l'animal comme ils parleraient avec un humain. Ce sont des phrases complètes, sans nécessairement pouvoir décrire les objets par leur nom, par exemple les animaux ne peuvent pas nommer un four à micro-ondes. Toutefois, le reste (les pensées, les idées et les ressentis) est décrit dans des termes exacts.

Pourquoi certains ne reçoivent-ils alors que des images et émotions? Cela diffère selon le type de connexion, selon l'idée que la personne se fait d'une communication animale et selon les dons qui sont ouverts ou non chez cette personne. Certaines personnes peuvent également passer par l'entremise de leur guide ou de leur moi supérieur, ce qui permet de filtrer le message reçu de l'animal et de le transformer en discours humain plus défini et compréhensible.

Des questions à poser

Posez à votre animal toutes les questions qui vous préoccupent. Par exemple :

- Comment vas-tu?
- Comment c'est, de l'autre côté?
- Avec qui es-tu?
- Que fais-tu?
- Es-tu heureux où tu es?
- Comment vis-tu ton expérience dans l'au-delà?
- As-tu un emploi ou une mission?
- Quelle est ta nouvelle mission ou quels sont tes nouveaux projets?
- Fais-tu des visites sur Terre, parfois?
- Quelle leçon devais-tu enseigner ou apprendre?
- Où en es-tu dans ton évolution?
- Prévois-tu te ressourcer durant un moment?
- Es-tu encore sous forme d'âme? Es-tu déjà réincarné dans un nouveau corps?
- Vas-tu revenir? Si oui, quand? À quoi ressembleras-tu? Quel indice pourrais-je avoir/peut avoir l'humain pour savoir qu'il s'agira bien de toi?

Les blocages et autres barrières

Sachez tout d'abord que, même si vous tentez une communication et ne recevez aucune réponse, cela ne signifie pas que le contact n'existe pas. Il est possible que vous envoyiez des messages, mais que vous soyez incapable d'en recevoir en retour, simplement parce que vos dons ne sont pas éveillés ou parce que votre deuil est trop récent. Comme on dit, ce n'est pas parce que la radio est brisée que la station de radio est fermée! Elle émet toujours; ce n'est que le poste qui est inapte à recevoir le signal. Ainsi, faites quand même parvenir tous vos messages d'amour à votre animal, car il les recevra.

La barrière la plus importante est sans doute le fait de croire que les animaux font partie d'une tout autre espèce, qu'ils sont trop différents et séparés de nous pour qu'on puisse les comprendre. Cette pensée vient avec une croyance limitative, selon laquelle nous pouvons communiquer avec eux, mais de façon très limitée. Le point majeur pour réussir est de croire qu'on peut communiquer avec nos animaux, et ce, de manière fluide. Même si nos fonctions cognitives ne sont pas les mêmes, n'oublions pas que nous sommes aussi des mammifères.

Nos propres blocages, nos jugements, nos inquiétudes et notre manque de confiance se refléteront tous dans notre capacité à communiquer. Ce sont ces blocages qui risquent de faire surface dès le départ et nous devons réussir à les surmonter pour recevoir et envoyer des messages. Cela exige un grand détachement émotif et cognitif et un grand lâcher-prise. Avec la pratique, la porte s'ouvre doucement. On se détache de ses propres problèmes et on passe à un autre niveau. Une fois le vide atteint, on est prêt à recevoir.

Il peut y avoir une étape où l'on doit tenter de faire la différence entre les sentiments et pensées de l'animal et les nôtres. Nous pouvons filtrer les messages selon notre égo ou ce qu'on voudrait que l'animal nous dise. Encore une fois, c'est avec le temps et la pratique qu'on arrive à ne plus personnaliser les messages reçus. Une fois qu'on est ouvert et sans attente, tous types de messages peuvent passer : émotions, images, phrases, etc.

À terme, nous devenons aussi aptes à moins nous juger, à mieux nous accepter tel que nous sommes, car nous avons appris à faire le vide et à laisser passer ce qui veut remonter à la surface. Pour devenir des canaux ouverts, nous devons autant cultiver la compassion pour notre animal que pour nous-même. Cette fusion temporaire avec eux peut donc nous faire évoluer grandement.

Gardez en tête que, si l'animal ne vous répond pas, cela peut être un signe qu'il n'a pas terminé sa transition dans l'astral et qu'il n'est pas prêt pour le moment à entrer en contact avec vous. (Contrairement aux âmes humaines, les âmes animales ne risquent pas de résister ni de refuser à entrer en contact.) Refaites une tentative plus tard, lorsque vous sentirez que le moment est juste.

Sachez également que même les spécialistes peuvent se tromper ou recevoir des messages flous, difficiles à décoder. Nous restons des humains et nos perceptions peuvent être troublées, soit par nos prédictions sur le résultat, soit par notre humeur et notre énergie du moment.

Si la communication animale est un sujet qui vous intéresse, persévérez et vous obtiendrez des résultats.

Les signes et visites de l'animal

Que vous réussissiez à communiquer avec votre animal ou non, vous pouvez lui demander de vous faire un signe. Si, par exemple, vous avez dit une prière pour lui, vous pouvez demander une preuve qu'il vous a bien entendu. Évidemment, les signes ne sont pas automatiques ni effectués sur demande. Tout dépend de l'animal et où il en est actuellement dans sa transition et son évolution. S'il est disponible, il se fera certainement un plaisir d'entrer en contact avec vous de cette façon.

Les signes sont très personnels, car ils reflètent l'expérience vécue entre les deux êtres. Notez aussi que, si vous êtes trop triste, il est possible que ce soit une personne extérieure qui vous transmette le message ou le signe. La première partie du travail est d'ouvrir votre esprit, vos yeux et votre cœur. C'est votre manière de parcourir la moitié du chemin pour entrer en contact avec votre animal.

Les signes peuvent être :

- des sons : bruits de griffes, cloches ou clochettes, voix de l'animal (miaulements, jappements), sons d'apaisement (ronronnements, soupirs d'appréciation);
- une musique à la radio qui était appréciée par l'animal ou qui jouait souvent durant les années où il était en notre présence;
- une coïncidence frappante, ou ce qu'on appelle la synchronicité. C'est un message envoyé par votre animal décédé;

❖ des objets trouvés en nature qui peuvent vous rappeler votre animal : roches, branches, feuilles, plumes, etc.

Anecdote à ce sujet : une personne que je connais, qui était en peine d'amour, avait trouvé dans la nature des pierres de quartz rose alors qu'elle ne savait même pas qu'elles servent à apaiser les peines du cœur et le deuil.

Les autres animaux peuvent également intervenir. Lorsqu'on est triste sur un banc de parc et qu'un oiseau vient se poser tout près, ça redonne le sourire. Ces autres animaux peuvent facilement transmettre le message de votre animal pour lui. Anecdote personnelle : le chat d'une amie avait dormi sur ma poitrine, donc contre mon cœur, alors que je venais tout juste de perdre l'un de mes chats. Ça m'a fait un grand bien. Étonnamment, il n'a jamais refait cela à aucun autre moment.

Plusieurs témoignages que j'ai lus et entendus font état d'une forme d'incarnation temporaire d'un autre corps. Par exemple, une personne avait perçu son chat récemment décédé dans les yeux de son autre chat. Cela a duré environ une dizaine de minutes. Le comportement et l'attitude du chat vivant avaient complètement changé durant cette période. Il n'était plus lui-même. Certains parlent même d'un animal sauvage qui aurait servi d'intermédiaire.

Mon chat vient généralement se coucher au même moment que moi le soir et dort au pied du lit. Parfois, il prend le temps de manger et arrive un peu après que je sois couchée. Une nuit, je suis étendue et m'apprête à tomber dans le sommeil, quand je sens des pattes de chat monter sur le lit. Sur le coup, j'hésite à me relever pour le flatter afin de ne pas sortir de mon état d'endormissement. Je décide que je vais le caresser un peu, alors je me relève pour voir le bout du lit, mais... il n'y a pas de chat! En fait, il est arrivé un peu plus tard. Je suis convaincue que c'était mon chat décédé qui était venu me faire coucou. D'autres ont également vécu des expériences similaires.

Enfin, votre animal décédé peut communiquer avec vous par les rêves; c'est une méthode qui est d'ailleurs très souvent utilisée. La majorité des gens qui se souviennent de leurs rêves au réveil sont aptes à recevoir ce type de contact. Soit vous serez visité et recevrez le message de votre animal, soit vous serez en rêve lucide et pourrez échanger avec lui. Dans tous les cas, c'est la méthode la plus efficace ou celle choisie par l'animal qui sera privilégiée.

Contacter un animal vivant égaré

Il n'est pas suggéré de contacter un animal vivant égaré. Ou sinon, il faut le faire avec un certain détachement. Il est difficile de dire si un animal avec lequel on communique de façon télépathique est toujours en vie ou non. Il est normal qu'il réponde dans tous les cas puisque l'âme est immortelle et, donc, que l'animal est bel et bien toujours là. Il peut aussi ne pas être conscient qu'il est mort et vous faire croire qu'il est en vie. Sinon, il peut simplement être en voyage astral ou sorti temporairement, car sa douleur physique était trop grande, dans le cas où il serait mal en point.

Il peut vous donner des indications sur sa condition physique, mais, s'il se base sur ses souvenirs, ces informations ne seront pas réelles. Il suffit de penser à quel point quand on rêve, on est convaincu qu'il s'agit de la réalité. Vous pouvez donc tenter le contact; dans certains cas, les informations reçues ont contribué à retrouver l'animal. Toutefois, ne basez pas tous vos espoirs sur ce que vous recevrez. Voyez cela comme des hypothèses et des indices, et non comme des vérités absolues. Il serait une bonne idée dans ce cas de contacter plutôt son ange gardien, qui servira d'intermédiaire objectif et qui vous offrira des informations plus justes.

Des messages reçus d'animaux de l'au-delà

Je vous résume ici dans mes termes quelques messages lus dans les livres en bibliographie. Ces derniers proviennent d'âmes animales sous forme astrale.

Les âmes animales prennent soin de mentionner que la vie ne cesse pas après la mort. Que l'énergie qui forme l'âme est éternelle et qu'elle ne fait que passer d'un état à un autre. Pleurer cette âme devient donc futile quand on pense aux différents cycles de vie puisque cette dernière existe toujours; elle est simplement différente. Nous faisons partie d'un Tout et cette énergie aussi. Nous sommes liés, même si nous existons dans des formes ou des états différents. Rien ne se crée et rien ne se perd.

Les âmes animales nous rappellent également à quel point la vie est unique et qu'habiter sur Terre est un cadeau. Nous avons toutes les ressources pour faire de la Terre un paradis. Il suffit de se motiver et d'agir pour faire en sorte qu'elle le devienne.

La vie comporte aussi des cycles : le Soleil et la Lune, mais aussi la jeunesse et la vieillesse. Nous évoluons constamment et chaque moment est unique et précieux. Ces âmes animales nous invitent à suivre le courant, à devenir plus fluides, à nous lier à ces essences énergétiques positives qui vont de l'avant.

Elles nous invitent à profiter du temps qui passe, car il est toujours en mouvement et en changement. Nous avons la chance et l'occasion de profiter de ce qui existe en ce moment et qui ne reviendra jamais. C'est un message d'union avec l'Univers et d'amour envers tout ce qui existe.

Conclusion

Cet ouvrage vous offre le nécessaire pour effectuer des passages d'âmes simples ainsi que les notions pour devenir un passeur d'âmes animales. Vous avez désormais les ressources et les méthodes pour vous permettre de faire ce dont vous avez besoin dans votre situation de deuil animal. Désormais, vous pouvez agir au besoin pour le bonheur et le bien-être des animaux maintenant dans l'astral.

Vous connaissez certainement des gens qui ont perdu des animaux de compagnie et qui sont dans le deuil ou inquiets concernant l'après-vie. N'hésitez pas à partager avec eux vos connaissances acquises ou à leur parler de cet ouvrage. Ils pourront très certainement apaiser leurs inquiétudes et traverser leur deuil avec plus de sérénité grâce à ce dernier.

Si vous désirez explorer de nouvelles routes ésotériques, je vous invite à visiter mon site, où je diffuse les dernières mises à jour et publications : www.catherinesolaris.com

Au plaisir de se retrouver!

Bibliographie

MORGAN, Michèle. *Suivre le courant et découvrir l'essentiel de la vie*, Québec, Dauphin Blanc, 2011, 261 p.

SMEDLEY, Jenny. *Nos compagnons éternels : merveilleuses histoires vraies sur les animaux angéliques*, Varennes, Éditions AdA, 2012, 222 p.

SMITH, Penelope. *Les animaux ne meurent pas : le passage de nos fidèles compagnons vers l'au-delà*, Québec, Dauphin Blanc, 2016, 239 p.

WEBSTER, Richard. *Votre animal de compagnie possède-t-il un sixième sens?*, [Livre numérique], Varennes, Éditions AdA, 2017, 212 p.

Références

Titres d'Isabelle B. Tremblay, auteure et médium (témoignage sur Winnie)
– *Médium malgré moi! : découvrir et assumer ses dons de médium*, 2017, Québec, Dauphin Blanc
– *Messages de l'Univers : recueil de canalisations*, 2018, Saint-Jules, autoédition
– *Passeur d'âmes*, 2019, Québec, Dauphin Blanc

Diane Malo (témoignage sur Loulou)
Facebook : Diane Malo Animatrice certifiée du Journal Créatif

Littérature sur le deuil et soutien aux endeuillés

La maison Monbourquette :

www.maisonmonbourquette.com/single-
post/2016/09/12/lattachement-et-le-deuil

Ce texte explique l'importance du lien d'attachement dans le processus de deuil ainsi que les sept étapes du processus de deuil selon l'approche Monbourquette.

Qui est Catherine Solaris?

Auteure de la collection des livres ésotériques *101 jours* et fondatrice de l'Académie des mages, Catherine Solaris est une généraliste de l'ésotérisme qui a étudié de multiples domaines pendant plus de 20 ans. Elle souhaite depuis très longtemps ouvrir une école qui lui permettra de partager toutes ses connaissances avec des apprenants.

Son approche est pragmatique : elle préfère les notions théoriques qui peuvent être facilement appliquées en pratique. Son but étant d'aider les gens à faire le bien, pour eux-mêmes et pour le monde, elle conçoit toujours ses enseignements pour obtenir des résultats concrets. N'ayant jamais eu de mentor, elle rédige les livres qu'elle aurait aimé avoir entre ses mains à ses débuts.

Catherine étudie constamment sur de nombreux sujets, incluant la croissance personnelle et la psychologie. Elle croit sincèrement qu'on ne peut cheminer positivement qu'en prenant en compte tous les aspects de notre être. Il faut donc prendre soin de notre corps physique, de notre état émotionnel, de notre mental, de notre psychisme et de notre corps astral. Tous ces sujets sont des domaines d'intérêt constant pour ses recherches.

L'ouverture des portes de l'Académie des mages est le début d'une nouvelle aventure. L'objectif est d'offrir le plus de cours possible sur des sujets variés touchant l'ésotérisme et la croissance personnelle, tout en étant abordables tant par l'accessibilité de leur contenu que par leur coût. Croyant sincèrement que tous devraient maîtriser la base de ces sujets, par exemple savoir se guérir ou purifier ses énergies soi-même, Catherine souhaite rendre ces cours accessibles à un maximum de gens.

Visitez le site de Catherine Solaris pour connaître les détails : www.catherinesolaris.com

L'Académie des mages

Depuis toujours, Catherine Solaris souhaite ouvrir une école en ligne qui servira à diffuser toutes les connaissances qu'elle a acquises durant ses nombreuses années de recherche. Une école qui serait abordable, accessible et, surtout, qui s'adresserait à toutes et à tous. L'objectif principal est de propager les outils du bien afin d'améliorer le monde et de le faire passer à un niveau de conscience supérieur.

Les mages sont considérés depuis la nuit des temps comme des devins, des prophètes, des voyants et des magiciens, parfois même des astrologues ou des spécialistes de l'interprétation des songes. Possédant des connaissances variées, ils ont joué de multiples rôles à travers l'histoire. Dans notre Académie, nous couplons le nom de mage avec celui de sage. Ainsi, les connaissances transmises le sont toujours avec considération et sagesse.

L'Académie des mages se veut un établissement d'enseignement général sur l'ésotérisme qui aborde les sujets de façon transparente et orientée vers des résultats positifs. Nous préconisons un apprentissage progressif, mais toujours au rythme de l'apprenant, qui chemine sur la voie qui l'inspire. Nous sommes là pour le guider.

Grâce à cette toute première formation sur le passage d'âmes animales, l'Académie ouvre enfin ses portes. C'est le début d'une toute nouvelle aventure et vous êtes invité à vivre ce grand lancement avec nous! Rejoignez-nous sur : www.academiedesmages.com

Appréciation

Si vous avez aimé votre lecture, n'hésitez pas à laisser une évaluation et un commentaire. Plus l'appréciation des lecteurs sera grande, plus la collection sera connue. Chaque recommandation nous aide à mener des projets à long terme en faisant connaître notre maison d'édition.

Afin d'aider à lutter contre le piratage de nos livres numériques, nous nous engageons à offrir nos publications au meilleur prix. Considérez le travail de l'auteur en privilégiant toujours l'achat.

www.ingramcontent.com/pod-product-compliance
Lightning Source LLC
Chambersburg PA
CBHW071617030726
47598CB00001B/321